Geschichte und Geschehen

Deutscher Bund

Autoren:
Meike Hensel-Grobe
Philippe Imbsweiler

Ernst Klett Verlag
Stuttgart · Leipzig

Bildquellennachweis

Umschlag Ullstein Bild GmbH (Granger Collection), Berlin; **5.1** AKG (Erich Lessing), Berlin; **8.3** AKG, Berlin; **13.10** AKG, Berlin; **17.16** Ullstein Bild GmbH (Gerstenberg), Berlin; **20.1 li** AKG, Berlin; **20.1 re** Ullstein Bild GmbH (Gerstenberg), Berlin; **23.2** Interfoto (AISA), München; **24.3** AKG, Berlin; **25.4** AKG, Berlin; **27.5** Ullstein Bild GmbH (Gerstenberg), Berlin; **28.8** AKG, Berlin; **29.11** Deutsche Bundesbank, Frankfurt am Main; **31.17** AKG, Berlin; **33.20** Archiv und Museum, Neustadt an der Weinstraße; **37.2** BPK, Berlin; **38.3** Ullstein Bild GmbH (Granger Collection), Berlin; **40.4** Gutenberg-Museum, Mainz; **41.5** BPK, Berlin; **43.12** Dietz Verlag, Berlin; **44.16** AKG, Berlin; **46.18a** BPK, Berlin; **46.18c** AKG, Berlin; **50.1** Ullstein Bild GmbH, Berlin; **51.2** AKG (Erich Lessing), Berlin; **55.5** BPK (Geheimes Staatsarchiv, SPK), Berlin; **57.7** Ullstein Bild GmbH, Berlin; **59.12** AKG, Berlin; **60.13** Germanisches Nationalmuseum, Nürnberg; **64.17a** Ullstein Bild GmbH (Gerstenberg), Berlin; **66.19b** BPK, Berlin; **71.4a** Titelblatt „1848 Aufbruch zur Freiheit", Nicolaische Verlagsbuchhandlung, 1998 Berlin; **72.4c** DHM, Berlin

Sollte es in einem Einzelfall nicht gelungen sein, den korrekten Rechteinhaber ausfindig zu machen, so werden berechtigte Ansprüche selbstverständlich im Rahmen der üblichen Regelungen abgegolten.

Umschlagbild: „Die Große Seeschlange von 1848", Karikatur von Richard Doyle in der englischen Satirezeitschrift „Punch", November 1848; dargestellt sind die gekrönten Häupter Europas in einem Kahn mit der Aufschrift „L'Ancien Régime" und eine Seeschlange mit Jakobinermütze und der Aufschrift „Liberté".

1. Auflage 1 5 4 3 2 1 | 2014 2013 2012 2011 2010

Alle Drucke dieser Auflage sind unverändert und können im Unterricht nebeneinander verwendet werden.
Die letzte Zahl bezeichnet das Jahr des Druckes.

Autorinnen und Autoren: Dr. Meike Hensel-Grobe, Mainz (S. 35–72); Philippe Imbsweiler, Kirkel (S. 5–34, 73)

Redaktion: Martin Fruhstorfer, Leipzig
Herstellung: Jeanette Frieberg

Satz: druckmedienzentrum, Gotha
Reproduktion: Meyle + Müller, Medien Management, Pforzheim
Kartenbearbeitung: Kartografisches Büro Borleis & Weis, Leipzig; Ingenieurbüro für Kartografie Joachim Zwick, Gießen
Druck: Mediahaus Biering GmbH, München

Printed in Germany
ISBN 978-3-12-430064-5

9 783124 300645

Inhalt

1 **Deutschland 1800 bis 1815 – zwischen Revolution und Restauration** 5
2 **Deutschland und Europa 1815 bis 1832 – national-liberale Bewegung und restaurative Politik** 20
3 **Wirtschaft und Gesellschaft im Vormärz** 35
4 **Die Märzrevolution 1848** 50
5 **Das Ende der Revolution und ihre Folgen** 68

Glossar 73

Online-Link
Mithilfe dieses Links gelangen Sie zu ergänzendem Zusatzmaterial. Einfach auf www.klett.de/online gehen und in das Link-Feld die Nummer 430064-0000 eingeben.

1 Deutschland 1800 bis 1815 – zwischen Revolution und Restauration

„Am Anfang war Napoleon"

Mit diesem berühmt gewordenen Satz beginnt der Historiker Thomas Nipperdey seine „Deutsche Geschichte 1800–1866". Nipperdey unterstreicht damit den überwältigenden Einfluss Napoleon Bonapartes in der Zeit von 1800 bis 1814, einer Zeit, in der die Grundlagen eines modernen Deutschlands gelegt wurden. Zwar fand in Deutschland keine der Französischen Revolution vergleichbare Umwälzung statt, doch der Wandel, der unter der Herrschaft Napoleons erfolgte, veränderte Deutschland fundamental. Neben der territorialen Neuordnung der deutschen Staatenlandschaft und dem Ende des Alten Reiches fanden in den einzelnen Länder gesellschaftliche und wirtschaftliche Reformen statt, die den Übergang vom feudalen Ständestaat hin zum bürgerlich-liberalen Staatswesen in entscheidender Weise beschleunigten. Die meisten dieser Veränderungen waren nicht mehr rückgängig zu machen, auch wenn diese Zeit der Modernisierung mit dem Wiener Kongress (1814/15) ein Ende fand und von der Phase der Restauration abgelöst wurde. Für Deutschland bildete das Wirken Napoleons die Basis für das 19. Jahrhundert - ein Jahrhundert, das angesichts der politisch-gesellschaftlichen und technisch-industriellen Umbrüche als das Jahrhundert der Revolutionen in die Geschichte einging.

Obwohl die Französische Revolution in den deutschen Ländern auf große Resonanz stieß, blieben die Auswirkungen auf Deutschland zunächst begrenzt. Mit der Besetzung und Annexion der linksrheinischen Territorien ab 1792 durch französische Truppen hielten die revolutionären Veränderungen zwar auch in diesen deutschen Gebieten Einzug, doch östlich des Rheins änderte sich kaum etwas an der bestehenden politischen und sozialen Ordnung, dem sogenannten Ancien Régime. Das Heilige Römische Reich deutscher Nation, das aus unzähligen, weitgehend souveränen Kleinstaaten bestand, blieb geprägt von monarchischem Herrschaftsanspruch sowie feudalen und ständischen Gesellschaftsstrukturen. Die politische Macht lag in der Hand der jeweiligen Landesfürsten, die höheren Stellen in der Verwaltung und im Militär blieben dem Adel vorbehalten. Die Bauern waren in der Mehrheit unfrei, sie mussten im Rahmen des guts- und grundherrschaftlichen Systems verschiedene Dienste und Abgaben leisten. Steuern wurden fast ausschließlich von den Bauern und Bürgern gezahlt.

Nach dem Sieg Napoleons über Österreich im zweiten Koalitionskrieg (1799–1802) erkannte der römisch-deutsche Kaiser Franz II. im Friede von Lunéville 1801 endgültig den Verlust der linksrheinischen Gebiete an. Da die von diesen Abtretungen betroffenen weltlichen Fürsten entschädigt werden sollten, war eine Umgestaltung der Reichsterritorien notwendig. Vorschläge für einen Entschädigungsplan arbeitete ein außerordentlicher Ausschuss des Reichstages, eine Reichsdeputation, aus. Auf Drängen Napoleons, der in Deutschland neben Österreich und Preußen eine weitere Macht schaffen wollte, sah der 1803 angenommene Entwurf, der sogenannte Reichsdeputationshauptschluss, eine grundlegende Neuordnung des Reichsgebietes vor:

- Die Hoheits- und Eigentumsrechte der meisten geistlichen Fürstentümer wurden aufgehoben (Säkularisation); diese Enteignung betraf insgesamt 25 Fürstbistümer sowie 44 Reichsabteien.

1 Jacques-Louis David: Bonaparte beim Überschreiten der Alpen am Großen Sankt Bernhard, 1800/01; Wien, Kunsthistorisches Museum
Auf dem Boden erscheinen die Namen „Bonaparte", „Hannibal" und „Karolus Magnus" wie eingemeißelt. Am 14. Mai 1800 überschritt Napoleon den St.-Bernhard-Pass auf seinem Zug nach Italien. Der Überlieferung nach überquerte er die Alpen auf einem Maultier; dabei trug er einen gewöhnlichen Waffenrock.

- Kleinere weltliche Reichsstände und fast alle Reichsstädte wurden großen Landesherren unterstellt (Mediatisierung); im Gegensatz zur Säkularisation blieben allerdings die materiellen Besitzrechte dieser früheren Reichsstände erhalten.

Größte Gewinner dieser territorialen „Flurbereinigung" waren neben Preußen, das seine Macht in Nordwestdeutschland ausdehnen konnte, drei süddeutsche Staaten: Baden, das unter anderem die rechtsrheinische Pfalz gewann, Württemberg, das mit Territorien in Schwaben entschädigt wurde, und Bayern, das fränkische und schwäbische Gebiete erhielt. So blieben beispielsweise im Südwesten von etwa 350 Territorien außer zwei kleineren Fürstentümern nur die Mittelstaaten Baden und Württemberg übrig, während sich die gesamte Zahl der reichsunmittelbaren Territorien von gut 1000 auf etwas über 30 verringerte.

Mit dem Reichsdeputationshauptschluss begann der Prozess der Reichsauflösung. Auf dem Reichsgebiet entstanden nun wenige, lebensfähige Mittelstaaten, die, wie etwa die drei süddeutschen Staaten, annähernd ihre heutige Ausdehnung gewannen.

Um ihre Erwerbungen dauerhaft zu sichern, stellten sich Baden, Württemberg und Bayern in der Folgezeit auf die Seite Frankreichs, wofür sie weitere Gegenleistungen erhielten. Für ihre Unterstützung im dritten

2 Europa unter napoleonischer Herrschaft 1812

Koalitionskrieg (1805) erfuhren die drei Staaten auf Kosten Österreichs einen erneuten Territoriumsgewinn; überdies erlebten diese Länder eine Rangerhöhung, da auf Betreiben Napoleons Bayern und Württemberg zu Königreichen und Baden zum Großherzogtum erhoben wurden. Höhepunkt der Deutschlandpolitik Napoleons war die Gründung des Rheinbundes 1806. Unter Führung der Könige von Bayern und Württemberg und dem Großherzog von Baden schlossen sich 16 süd- und westdeutsche Staaten zum sogenannten Rheinbund zusammen, der sich vom Kaiser und vom Reich lossagte und dem Protektorat Frankreichs unterstellte. Die Rheinbundstaaten verpflichteten sich zu einem militärischen Bündnis mit Frankreich, insbesondere zur Stellung von Truppen für die Feldzüge Napoleons. Nachdem Napoleon den römisch-deutschen Kaiser Franz II. ultimativ dazu aufgefordert hatte, legte dieser am 6. August 1806 die Kaiserwürde nieder. Damit endete das Heilige Römische Reich deutscher Nation, welches seit dem Mittelalter bestanden hatte.

Die Reformzeit 1807 bis 1815 – mit oder gegen Napoleon?

Das Wirken Napoleons beschränkte sich aber nicht nur auf die territoriale Neugestaltung und die Schaffung eines „dritten", mit Frankreich verbundenen Deutschlands. Erklärtes Ziel war darüber hinaus eine innere Umgestaltung der Rheinbundstaaten. Als Musterstaaten dienten dabei das Königreich Westfalen und das Großherzogtum Berg, welche von Verwandten Napoleons regiert wurden.

Seit 1807 wurden in den Rheinbundstaaten moderne zentralistisch-bürokratische Staatsverwaltungen aufgebaut. Besondere Vorbildfunktion besaß der Code civil, ein unter Napoleon verfasstes Gesetzesbuch, das zentrale Rechtspositionen der Revolution wie die Freiheit des Individuums, die Gleichheit aller Bürger vor dem Gesetz, die Unabhängigkeit der Justiz und die strikte Trennung von Kirche und Staat festschrieb. In den linksrheinischen Gebieten Deutschlands galten die zentralen Rechtspositionen des Code civil bis zum In-Kraft-Treten des Bürgerlichen Gesetzbuches im Jahre 1900. Durch diese „Revolution von oben" erlebten die Rheinbundstaaten eine Modernisierung, in der die bisherige feudale und ständische Ordnung weitgehend überwunden wurde.

Nicht nur die Rheinbundstaaten, auch andere Staaten wie Preußen sahen sich angesichts der Herausforderung der napoleonischen Herrschaft gezwungen, Reformen des Staates und der Gesellschaft durchzuführen. Vor allem die preußischen Reformen zwischen 1807 und 1815 sollten grundlegend für die deutsche Geschichte im 19. Jahrhundert werden. Die vernichtende Niederlage von Jena und Auerstedt (1806), in der sich die hoch gelobte preußische Armee den Truppen Napoleons als völlig unterlegen erwies, stellte die Existenz des preußischen Staates infrage. Preußen verlor die Hälfte seines Staatsgebietes, seinen kompletten Staatsschatz und den Großteil seiner Armee. Hinzu kamen enorme Zahlungen an Frankreich, sodass der Staatsbankrott drohte. Die Reformer, an ihrer Spitze Karl Freiherr vom und zum Stein und Karl August Freiherr (später Fürst) von

Hardenberg, erkannten, dass ein Überleben Preußens nur möglich sei, wenn sich das Land grundlegend modernisiere. Im Gegensatz zu den bisherigen Veränderungen seit 1789 sollte diese „Revolution" jedoch, wie es Hardenberg in der Rigaer-Denkschrift an den preußischen König 1807 schrieb, „im guten Sinn" erfolgen: Die Umgestaltung sollte nicht, wie in Frankreich, ungezügelt durch das Volk, sondern geplant durch die Regierung und nicht wie in den Rheinbundstaaten mit, sondern gegen Napoleon erfolgen.

Grundlage der preußischen Reformen war ein neues Bild vom Menschen. Anstelle des unmündigen, unaufgeklärten Untertanen sollte der selbstständig denkende und handelnde Bürger treten, der sich mit dem Staat und seiner Nation identifiziert und zu entsprechenden Opfern bereit ist. Die darauf aufbauenden Reformen umfassten unterschiedliche Gebiete:

- Durch die Regierungs- und Verwaltungsreform wurde eine moderne Regierungsorganisation mit Ressortprinzip und Ministerverantwortlichkeit eingeführt; außerdem wurde den Städten 1808 eine lokale Selbstverantwortung zugestanden, die dem besitzenden Bürgertum die Möglichkeit einer politischen Partizipation auf kommunaler Ebene bot.
- Mit der Agrarreform und Bauernbefreiung (1807) wurden die Bauern persönlich frei, ohne aber von der Dienst- und Abgabenpflicht entbunden zu sein. Auch wenn vielerorts gutsherrliche Abhängigkeiten erhalten blieben, war die Bauernbefreiung wesentlicher Anstoß für den Aufschwung der Landwirtschaft und entscheidende Basis für die Industrialisierung im 19. Jahrhundert.
- Eine weitere wesentliche Voraussetzung für den wirtschaftlichen Aufschwung Preußens war die Wirtschaftsreform (1811), durch die der Zunftzwang beseitigt und die Gewerbefreiheit eingeführt wurde. Ähnliche wirtschaftliche Wirkung zeigte auch die Judenemanzipation (1812), mit der die preußischen Juden den anderen Staatsbürgern rechtlich weitgehend gleichgestellt wurden.
- Die Heeresreform umfasste eine ganze Reihe von Maßnahmen, mit denen die Mobilisierung des Volkes gefördert werden sollte. Dazu gehörte die Milderung der Militärstrafen, die Öffnung des Offizierskorps für Nichtadlige und die Beförderung nach Leistung. Nach Schaffung einer Landwehr, einer milizartigen Reservearmee, kam es zu Beginn der Befreiungskriege 1813/14 in Preußen zur Einführung der allgemeinen Wehrpflicht.
- Besonderen Stellenwert besaß die Bildungsreform, sollte doch durch sie eine Erziehung zur Selbstständigkeit und die Entwicklung eines Nationalbewusstseins gefördert werden. Unter dem Leiter der preußischen Kultus- und Unterrichtsverwaltung Wilhelm von Humboldt wurde das Bildungswesen verstaatlicht, die allgemeine Schulpflicht durchgesetzt und ein dreistufiges Bildungswesen mit Elementarschule, Gymnasium und Universität geschaffen.

Mit dem Sieg über Napoleon 1814/15 endeten die preußischen Reformen, die bis auf die Heeresreform nicht abgeschlossen wurden. Auch das Verfassungsversprechen, das der preußische König Friedrich Wilhelm III. 1810 und 1815 gegeben hatte, wurde nicht erfüllt. Trotzdem veränderten die Reformen Preußen tiefgreifend und schufen die Voraussetzungen für seinen Aufstieg im 19. Jahrhundert.

Die Befreiungskriege – die Geburtsstunde der national-liberalen Bewegung

1812 befand sich Napoleon auf dem Gipfel seiner Macht. Das Kaiserreich Frankreich umfasste nun neben den linksrheinischen Gebieten auch große Teile Norddeutschlands, außerdem Regionen Nord- und Mittelitaliens. Um Frankreich herum hatte Napoleon eine Vielzahl von Vasallenstaaten geschaffen, die entweder wie die Königreiche Spanien, Italien, Neapel und Westfalen von Verwandten Napoleons regiert wurden oder die, wie die Rheinbundstaaten und das Großherzogtum Warschau, in besonderer Abhängigkeit zu Frankreich standen. Gestärkt wurde diese hegemoniale Stellung Frankreichs durch weitere verbündete Staaten, insbesondere das Königreich Preußen, welches etwa zur Stellung von Truppen verpflichtet war.

Mit dem Untergang der Grande Armée 1812/13 scheiterte jedoch der Versuch Napoleons, Russland, die letzte unabhängige Kontinentalmacht, seinem imperialen Anspruch zu unterwerfen. Napoleons Niederlage, die in ihrer katastrophalen Größenordnung – fast eine halbe Million Soldaten kehrte aus Russland nicht zurück – für die Zeitgenossen unfassbar war, löste in Preußen und anderen deutschen Staaten eine bisher nicht gekannte patriotische Erhebung aus. Diese Bewegung gründete zum einen auf der Ablehnung der napoleonischen Fremdherrschaft, oftmals gepaart mit einer ausgeprägten antifranzösischen Einstellung. Sie war aber zum anderen auch bestimmt von dem Glauben an eine deutsche Nation, die, nach den Vorstellungen der Studenten und der vielen anderen Kriegsfreiwilligen, nicht nur staatlich geeint, sondern auch politisch repräsentiert sein musste. Damit trat zu der in der Reformzeit geförderten individuellen Selbstbestimmung nun auch die Forderung nach nationaler Selbstbestimmung. Die nationale Bewegung, die in den Kämpfen gegen Napoleon ihre Geburtsstunde erlebte, war daher von Beginn an auch eine liberale Bewegung, die nicht nur für Freiheit nach außen, sondern gleichfalls für Freiheit im Inneren kämpfte.

Erst nach längerem Zögern setzte sich der König von Preußen Friedrich Wilhelm III. mit seinem Aufruf „An mein Volk" an die Spitze dieser Bewegung, die entscheidenden Anteil am Sieg in den Befreiungskriegen über Napoleon, vor allem bei der Völkerschlacht bei Leipzig (1813), hatte.

Nachdem Napoleon im Frühjahr 1814 abgesetzt und verbannt worden war, trafen sich die führenden Staatsmänner in Wien, um über die Neuordnung Europas zu beraten. Überraschend kehrte Napoleon noch einmal nach Frankreich zurück, wo er für kurze Zeit die Macht übernahm. Im Juni 1815 wurde er jedoch endgültig bei Waterloo in Belgien geschlagen und auf die Insel St. Helena im Südatlantik verbannt, wo er 1821 starb.

Der Wiener Kongress 1814/15 – wiederherstellen, was war, oder bewahren, was besteht?

Die Befreiungskriege 1813 bis 1815 und die endgültige Verbannung Napoleons nach St. Helena bildeten den Abschluss einer über 20 Jahre währenden Epoche, in der Europa nicht nur einen tiefgreifenden Wandel, sondern auch eine Phase nicht enden wollender Kriege erlebt hatte.

Die europäischen Monarchen und Staatsmänner, die seit 1814 in Wien über die Neugestaltung Europas berieten, sahen sich daher mit einer Vielzahl grundsätzlicher Fragen konfrontiert:

3 Delegierte des Wiener Kongresses, kolorierter Holzstich von 1880 nach der Kreidezeichnung von Jean-Baptiste Isabey
Der Pariser Hofkünstler Jean Baptiste Isabey (1767–1855) war im Gefolge der französischen Delegation nach Wien gereist und fertigte dort Porträts von 23 der Kongressteilnehmer an. Diese bildeten die Grundlage für sein Gemälde aus dem Jahr 1815, nach dem der hier gezeigte Stich erstellt wurde.
Auf der linken Seite des Porträts weist der den Kongress dominierende österreichische Staatskanzler Metternich (stehend) auf den britischen Außenminister Viscount Robert Castlereagh, der leger sitzend porträtiert ist. Ihm gegenüber, in der linken unteren Ecke, sitzt der preußische Staatskanzler Karl August von Hardenberg. Hinter ihm steht der englische Herzog von Wellington. Auf der rechten Seite des Raumes sitzt der Franzose Charles Maurice de Talleyrand-Périgord, der seinen rechten Arm auf den Verhandlungstisch gelegt hat. Die Komposition des Bildes betont Talleyrands gleichberechtigte Stellung am Verhandlungstisch, obwohl er das besiegte Frankreich vertritt. Als Zweiter von rechts steht Wilhelm von Humboldt, preußischer Bevollmächtigter. Graf Rasumowski, Vertreter Zar Alexanders I., steht etwa in der Mitte des Bildes, vor der linken unteren Ecke des großen Gemäldes.

- Wie sollte Europa politisch geordnet werden, um einen stabilen, dauerhaften Frieden zu erreichen? Was sollte insbesondere mit dem besiegten Frankreich, was mit den von Napoleon geschaffenen und den durch Napoleon territorial vergrößerten Staaten geschehen?
- Welche Gestalt sollte Deutschland, die Mitte Europas, bekommen? Sollte der Status quo beibehalten, das Heilige Römische Reich deutscher Nation wiederhergestellt oder etwa den Forderungen nach nationaler Einheit Deutschlands entsprochen werden?
- Wie sollte mit den liberalen Errungenschaften der Französischen Revolution und der napoleonischen Reformen umgegangen werden? Welche freiheitlichen Grundrechte, welche politischen Rechte sollten den Völkern zugestanden werden? Wer oder was sollte die Herrschaft eines Monarchen in Zukunft legitimieren?

Prägende Figur des Wiener Kongresses und der sich anschließenden Epoche bis zur Revolution 1848 war der österreichische Staatskanzler Klemens Wenzel Fürst von Metternich. Seine Politik war von der Überzeugung bestimmt, dass nur eine Restauration, d.h. eine Wiederherstellung der vorrevolutionären Ordnung, Europa vor erneuten revolutionären Erschütterungen und Kriegen bewahren könne. Auch wenn es Metternich gelang, die Teilnehmer des Wiener Kongresses auf das Prinzip der Restauration zu verpflichten, war eine vollständige Rückkehr zum Ancien Régime undenkbar. Zu viele „alte" Kräfte, wie etwa die Fürsten der Rheinbundstaaten, aber auch der preußische Staat, hatten von den territorialen, gesellschaftlichen und wirtschaftlichen Veränderungen profitiert.
Um den Frieden dauerhaft zu sichern, stellte der Wiener Kongress in Europa das Mächtegleichgewicht der Zeit vor der Französischen Revolution wieder her: eine Pentarchie (gr.: Fünferherrschaft), bestehend aus den Großmächten Großbritannien, Russland, Frankreich, Österreich und Preußen. Um den dafür notwendigen Großmachtstatus Frankreichs zu erhalten, wurde dieses weitgehend geschont, indem es nur die Eroberungen seit 1792 wieder abtreten musste. Darüber hinaus wurde

die innere und äußere Struktur der ehemaligen napoleonischen Staaten nach dem Prinzip der Legitimität neu geordnet. Grundgedanke hierbei war, dass nur die monarchisch-dynastische, „von Gott" legitimierte Herrschaft als rechtmäßig anerkannt wurde. In Frankreich, in dem mit Ludwig XVIII. wieder ein Bourbone regierte, aber auch in anderen Ländern, wie den deutschen Staaten, war das monarchische Prinzip verbindlich, nach dem die alleinige und einheitliche Staatsgewalt in den Händen des Monarchen zu liegen hatte. Trotz ihres politischen und militärischen Bündnisses mit Napoleon erlebten die ehemaligen Rheinbundstaaten Bayern, Baden und Württemberg weder territoriale Verluste noch Standeserniedrigungen. Selbst das Königreich Sachsen, das sich nicht von Napoelon gelöst hatte, blieb bestehen, auch wenn Preußen etwa die Hälfte dieses Landes erhielt. Dagegen verschwanden die von Verwandten Napoleons regierten Staaten; entweder wurden frühere Dynastien, wie die spanischen Bourbonen, wieder eingesetzt, oder die Territorien dieser Staaten wurden, wie etwa das Großherzogtum Warschau oder die Königreiche Westfalen und Italien, unter den Siegermächten aufgeteilt. In Nordwestdeutschland wurde das Kurfürstentum Hannover als Königreich Hannover wiederhergestellt, womit dem Wunsch Preußens nach einem zusammenhängenden Staatsgebiet eine Absage erteilt wurde.

In Deutschland vollzogen sich damit entscheidende Weichenstellungen für die Geschichte des 19. Jahrhunderts. Im Gegensatz zu Preußen gelang es dem 1804 gegründeten Kaiserreich Österreich, mit Erwerbungen in Oberitalien und Illyrien und der Aufgabe seiner früheren Besitzungen am Rhein ein geschlossenes Territorium zu schaffen. Allerdings verlagerte sich so auch der territoriale Schwerpunkt Österreichs zunehmend in Gebiete außerhalb des deutschsprachigen Raums. Dagegen schob sich Preußen durch den Gewinn der Provinz Rheinland nach Deutschland hinein, wodurch das Gewicht Preußens in Deutschland wuchs, während der Einfluss Österreichs langfristig schwand. Der Erwerb von Westfalen, welches auch das Ruhrgebiet umfasste, sollte sich für den preußischen Staat in den folgenden Jahrzehnten als besonders vorteilhaft erweisen, entstand doch hier eine der wichtigsten Industrieregionen Europas. Gleichzeitig blieben die unter Napoleon geschaffenen deutschen Mittelstaaten großteils erhalten, sodass die Idee eines „dritten" Deutschlands auch nach der napoleonischen Herrschaft weiterhin Realität war.
Nach den Erfahrungen mit der Französischen Revolution waren die führenden Monarchen Europas überzeugt, dass revolutionäre Bestrebungen nicht nur eine Gefahr für den Frieden, sondern in besonderer Weise auch für ihre Herrschaft bedeuteten. Um dieser Bedrohung ent-

4 **Europa 1815**

gegenzutreten, unterzeichneten 1815 der russische Zar Alexander, der österreichische Kaiser Franz I. und der preußische König Friedrich Wilhelm III. ein Manifest, mit dem sich die Monarchen zur christlichen Religion als Grundlage ihrer Politik und zum gemeinsamen Schutz der auf dem Wiener Kongress beschlossenen Ordnung verpflichteten. Dieser sogenannten Heiligen Allianz traten in der Folge alle europäischen Mächte mit Ausnahme Großbritanniens, des Osmanischen Reiches und des Kirchenstaates bei. Praktisch spielte dieses Bündnis in den folgenden Jahren keine Rolle, doch in der kritischen Öffentlichkeit wurde die Heilige Allianz zum Inbegriff der Reaktion, zur Verkörperung des Prinzips der Solidarität der Monarchen gegen das Freiheits- und Einheitsstreben ihrer Völker.

Die Deutsche Bundesakte – die politische Neuordnung Deutschlands und seiner Teilstaaten

Die Monarchen und Staatsmänner des Wiener Kongresses strebten ein europäisches Staatensystem ohne Hegemonialmacht an. Diesem Hauptziel wurde auch die politische Neuordnung Deutschlands untergeordnet, denn ein Mächtegleichgewicht in Europa beruhte auf zwei Voraussetzungen: Erstens musste sich Deutschland, die Mitte Europas, gegenüber den Hegemonialbestrebungen der kontinentalen Großmächte Frankreich und Russland behaupten können; zweitens durfte dieses Land nicht über die Möglichkeit verfügen, selbst Hegemonialmacht zu werden.

Der auf dem Wiener Kongress gegründete Deutsche Bund erfüllte diese Bedingungen. In der Deutschen Bundesakte, die auch in die Schlussakte des Wiener Kongresses aufgenommen wurde, vereinigten sich 35 „souveraine" Fürsten und vier freie Städte zu einem lockeren Staatenbund. Der Deutsche Bund verfügte weder über eine gemeinschaftliche Exekutive noch eine gemeinsame Justiz. Einziges Bundesorgan war die Bundesversammlung in Frankfurt am Main, der sogenannte Bundestag, in dem alle Mitgliedsstaaten durch weisungsgebundene Gesandte vertreten und dessen Beschlüsse bindend waren. Zwar stellten die zwei Vormächte Österreich und Preußen die meisten Mitglieder dieses Gremiums, doch konnten sie die übrigen Staaten nicht überstimmen. Umgekehrt waren Beschlüsse gegen ein Votum Österreichs oder Preußens nicht möglich. Die Handlungsfähigkeit des Deutschen Bundes war daher von Anfang an gering; endgültig endete sie mit der sich ab 1850 verschärfenden österreichisch-preußischen Rivalität.

Hauptzweck des Deutschen Bundes war die „Erhaltung der äußeren und inneren Sicherheit Deutschlands" (Art. I der Deutschen Bundesakte), was nicht nur den Schutz des Bundes und seiner Mitglieder gegenüber anderen Mächten, sondern auch die Verteidigung der bestehenden Ordnung gegenüber politischen Veränderungsbestrebungen umfasste.

Nicht zum Deutschen Bundesgebiet gehörten größere Gebiete Österreichs und Preußens, die nicht Teil des Heiligen Römischen Reich deutscher Nation gewesen waren. Neben den deutschen Fürsten waren gleichfalls auswärtige Monarchen Mitglieder des Bundes, wenn sie, wie etwa der König von Dänemark als Herzog von Holstein, in Personalunion deutsche Staaten regierten.

Mit dem Art. XIII der Bundesakte wurden zwar die Einzelstaaten verpflichtet, „landständische Verfassungen" zu erlassen, doch der Charakter dieser Konstitutionen war nicht weiter präzisiert, sodass sich die einzelnen Teilstaaten in dieser Frage sehr unterschiedlich entwickelten.

In einigen Staaten traten altständische Verfassungen in Kraft, die kein modernes, aus gewählten Mitgliedern bestehendes Parlament kannten. Im Großherzogtum Mecklenburg-Schwerin beispielsweise bildete die Legislative der sogenannte Landtag, der sich aus den Landständen, d.h. Rittergutbesitzern und Bürgermeistern, zusammensetzte. Der König von Preußen beließ es bis 1848 bei der Ankündigung einer Verfassung, während Österreich unter Metternich sogar aktiv gegen jede Form des Parlamentarismus im Deutschen Bund vorging. Entgegen dieser restaurativen Politik erließen vor allem die süddeutschen Staaten – Baden, Württemberg und Bayern – Verfassungen, die eindeutig repräsentativen Charakter hatten und in denen sich eine Anerkennung der Volkssouveränität abzeichnete. Vorbild dieser Verfassungen war die französische Charta von 1814, in der wesentliche Kennzeichen einer konstitutionellen Monarchie festgeschrieben waren. Dazu gehörte ein Zweikammersystem, dessen zweite Kammer durch Zensuswahlrecht bestimmt wurde, Verantwortlichkeit der Minister gegenüber den Kammern, Budgetrecht sowie freies Abgeordnetenmandat. Die süddeutschen Verfassungen dienten vor allem als staatliche und identitätsstiftende Klammern für diejenigen Länder, die erst wenige Jahre zuvor unter Napoleon enorm gewachsen waren und in denen verschiedene Volksgruppen erst noch als Staatsvolk zusammenwachsen sollten.

Die bayerische Verfassung von 1818

Durch den Reichsdeputationshauptschluss und die weiteren territorialen Veränderungen unter Napoleon hatte sich das Staatsgebiet Bayerns etwa verdoppelt. Zwar musste der König von Bayern auf dem Wiener Kongress Gebiete an Österreich zurückgeben, doch erhielt er verschiedene territoriale Kompensationen, vor allem links des Rheins. Bayern umfasste 1815 neben Altbayern nun auch große schwäbische und fränkische Gebiete sowie die linksrheinische Pfalz, den sogenannten bayerischen Rheinkreis, der keine gemeinsame Grenze mit dem Mutterland besaß. Die 1818 erlassene Verfassung Bayerns, die die erste Verfassung von 1808 ersetzte, sollte diese alten und neuen Volksgruppen trotz ihrer unterschiedlichen regionalen und religiösen Herkunft mit dem Staat und ihrem Monarchen verbinden. Neben der Garantie von Grundrechten für alle Bürger kam dabei der gewählten Volksvertretung, dem bayerischen Landtag, besondere Bedeutung zu. Einerseits blieb das aktive und passive Wahlrecht an einen hohen Zensus gebunden, welcher einen großen Teil der Bevölkerung von einer politischen Mitbestimmung ausschloss. Darüber hinaus waren die Abgeordnetensitze nach einem festen Schlüssel auf fünf gesellschaftliche Gruppen (adlige sowie nicht adlige Grundbesitzer, Geistliche, Vertreter der Städte sowie der Universitäten) verteilt, sodass die soziale Zusammensetzung des Landtags zusätzlich eingeschränkt war. Andererseits schuf diese Kammer den Rahmen für die Entstehung und Entwicklung eines politischen Lebens, das insbesondere freie Wahlen, eine öffentliche Meinungsbildung und das Recht der freien Rede kannte.

Gleichzeitig nahm die Verfassung aber auch auf historische Traditionen der einzelnen Landesteile Rücksicht. So wurden dem Rheinkreis, in dem bis 1814 als Teil Frankreichs der Code civil gegolten hatte, diese spezi-

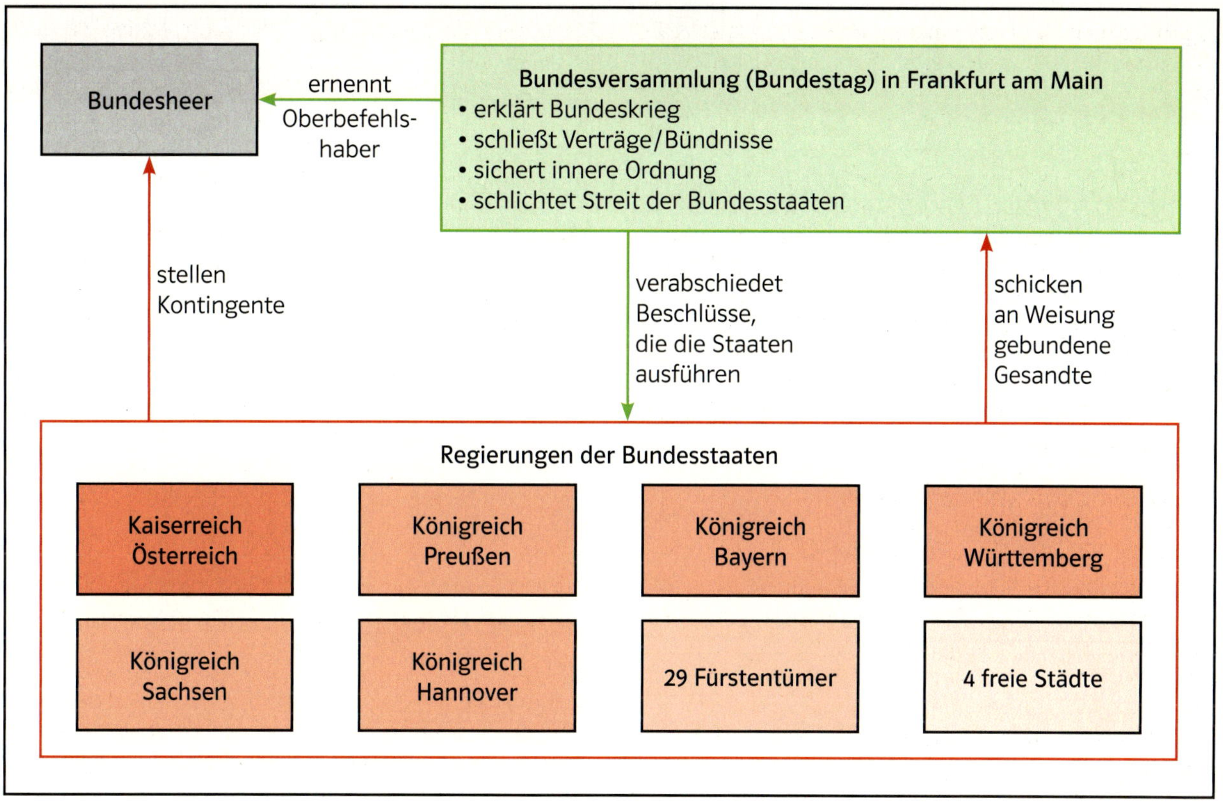

5 Staatsaufbau des Deutschen Bundes 1815

ellen Freiheitsrechte garantiert. Hierzu gehörte z. B. der Schutz der Justiz vor jeglicher Einmischung, was sich in den folgenden Jahren in spektakulären Gerichtsurteilen, wie dem Freispruch Philipp Jakob Siebenpfeiffers, einem der Initiatoren des Hambacher Festes, dokumentierte.
Trotz des fortschrittlichen Charakters der bayerischen Verfassung blieb der Monarch im Grundsatz souverän. Er war „König von Gottes Gnaden", der die Verfassung seinen Untertanen gewährt hatte. In seiner Person konzentrierte sich die staatliche Macht, da nur er Minister ernennen und entlassen, Richter einsetzen und den Oberbefehl über das Heer führen konnte. Darüber hinaus war er für die Zusammensetzung der ersten Kammer, der „Kammer der Reichsräte", zuständig. Zusammen mit der zweiten Kammer, dem Landtag, wirkte sie bei der Gesetzgebung mit und bewilligte die Steuern. Damit schützte die bayerische Verfassung den Einfluss des Monarchen auf alle drei Staatsgewalten, sodass diese Konstitution nur in Ansätzen liberales Gedankengut verwirklichte.
Umgekehrt entwickelten sich sowohl der bayerische Landtag als auch die Parlamente in Baden und in Württemberg zu Foren einer freien politischen Diskussion und der Artikulierung oppositioneller Standpunkte und damit zu Zentren der liberalen und nationalen Bewegung in Deutschland.

1

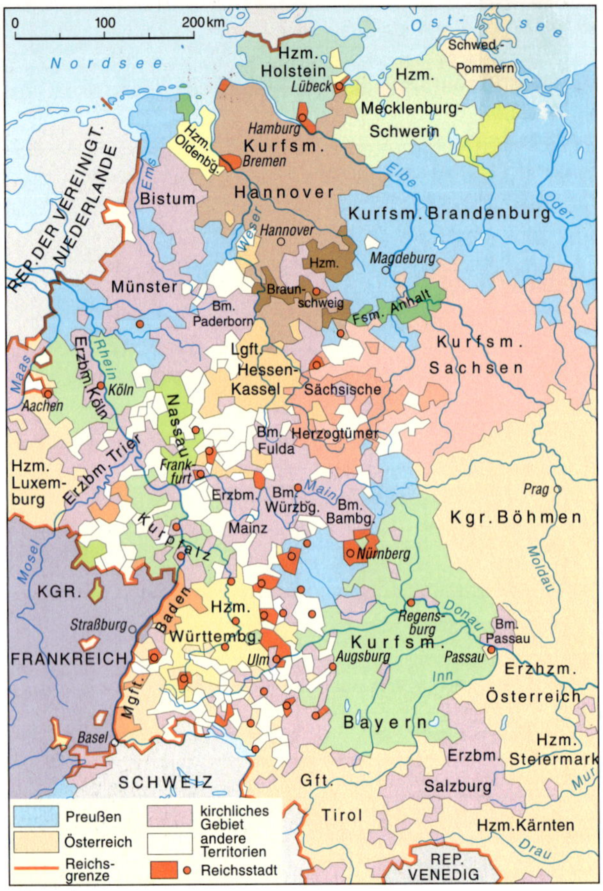

6a Das Heilige Römische Reich deutscher Nation 1789

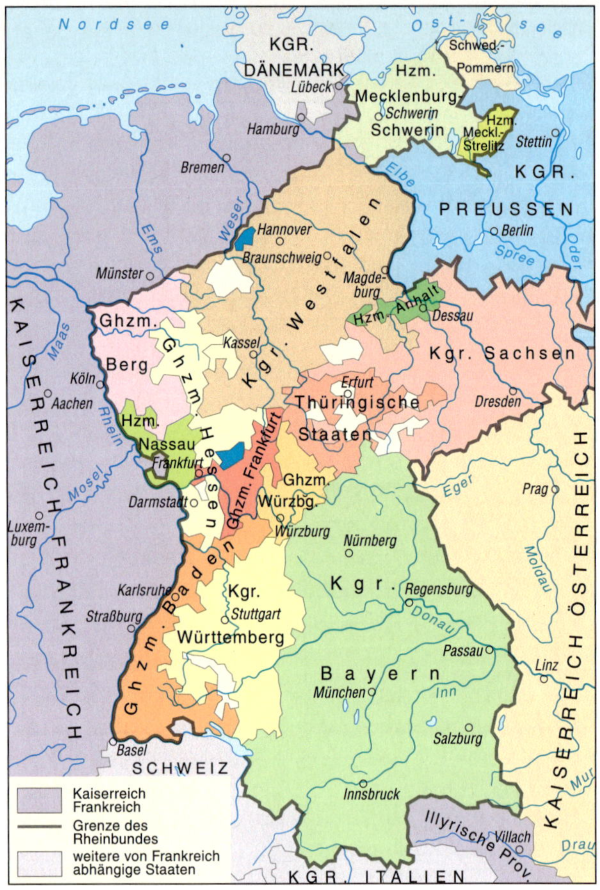

6b Die deutschen Staaten 1813

7 Napoleon und die deutsche Geschichte

Der deutsche Historiker Thomas Nipperdey beschäftigt sich zu Beginn seiner Darstellung der Geschichte Deutschlands des 19. Jahrhunderts mit der Bedeutung Napoleons für die deutsche Geschichte.

Am Anfang war Napoleon. Die Geschichte der Deutschen, ihr Leben und ihre Erfahrungen in den ersten eineinhalb Jahrzehnten des 19. Jahrhunderts, in denen die ersten Grundlagen eines modernen Deutschlands gelegt worden sind, steht unter seinem überwältigenden Einfluss. Die Politik war das Schicksal, und sie war seine Politik: Krieg und Eroberung, Ausbeutung und Unterdrückung, Imperium und Neuordnung. Zwischen Anpassung und Widerstand verliefen die Handlungsmöglichkeiten der Völker und der anderen Staaten. Selten haben alle Bereiche des Lebens so sehr im Zeichen der Machtpolitik und des Drucks von außen gestanden; auch die großen Reformen, die Staat und Gesellschaft umbildeten, sind, freiwillig oder unfreiwillig, davon geprägt worden. Gewiss, die Grundprinzipien der modernen Welt sind mit der Französischen Revolution ins Leben (und ins Bewusstsein der Zeitgenossen) getreten, sie hat in der Weltgeschichte Epoche gemacht. Aber für die Deutschen ist der Umsturz der alten Ordnung reale Erfahrung erst unter Napoleon und in der Form des Militärimperiums geworden. […]

Die fast tausendjährige Geschichte des Heiligen Römischen Reiches deutscher Nation war zu Ende. Altmodisch, schwerfällig, ohne wirkliche Macht war es der Revolutionierung der europäischen Verhältnisse nicht gewachsen; der ungeheure Machtdruck der französischen Armeen der Revolution wie Napoleons, die Sprengkraft der inneren Gegensätze, des preußisch-österreichischen Dualismus wie des Souveränitätsstrebens der Territorialfürsten, die Überlebtheit der zersplitterten Herrschaftsorganisation von Reichskirche, Reichsadel und Reichsstädten – das vernichtete seine Existenz. Es hatte bestehende Zustände stabilisiert, das Gleichgewicht in Europa, die Koexistenz der Partikulargewalten in Deutschland, deren Konflikte es regelte oder eindämmte, die feudale Herrschafts- und Gesellschaftsordnung. Damit war es nun vorbei. Das Ende der bestehenden Ordnung, durchdringende Veränderungen, Neuordnung – das stand jetzt auf der Tagesordnung. „Deutschland" schien einstweilen zum geographischen Begriff herabzusinken. Freilich, das politische Ende dieses alten Reiches hat auf die Dauer etwas höchst Merkwürdiges bewirkt: Es hat dieses Reich aus der Wirklichkeit in die Welt von Traum und Symbol versetzt; der Traum vom „Reich" hat seither in der Geschichte der Deutschen eine ungeheure Dynamik entfaltet; gerade das Unwirkliche, das unwirklich Gewordene bewegte die Wirklichkeit.

Zit. nach: Thomas Nipperdey: Deutsche Geschichte 1800–1866. Bürgerwelt und starker Staat. München 1993, S. 11, 14

8 „Eine Revolution im guten Sinn"

Der ehemalige preußische Minister Karl August von Hardenberg verfasste im September 1807 die sogenannte Rigaer Denkschrift für den preußischen König Friedrich Wilhelm III.

Wenngleich unserem Blick nicht vergönnt ist, tief in diesen Plan[1] einzudringen, so lässt sich doch der Zweck dabei vermuten: das Schwache, Kraftlose, Veraltete überall zu zerstören und nach dem Gange, den die Natur auch im Physischen nimmt, neue Kräfte zu weiteren Fortschritten zur Vollkommenheit zu beleben.

Der Staat, dem es glückt, den wahren Geist der Zeit zu fassen und sich in jenen Weltplan durch die Weisheit seiner Regierung ruhig hineinzuarbeiten, ohne dass es gewaltsamer Zuckungen bedürfe, hat unstreitig große Vorzüge [...] Die Französische Revolution, wovon die gegenwärtigen Kriege die Fortsetzung sind, gab den Franzosen unter Blutvergießen und Stürmen einen ganz neuen Schwung. Alle schlafenden Kräfte wurden geweckt, das Elende und Schwache, veraltete Vorurteile und Gebrechen wurden – freilich zugleich mit manchem Guten – zerstört. [...]
Der Wahn, dass man der Revolution am sichersten durch Festhalten am Alten und durch strenge Verfolgung der durch solche geltend gemachten Grundsätze entgegenstreben könne, hat besonders dazu beigetragen, die Revolution zu befördern und derselben eine stets wachsende Ausdehnung zu geben. Die Gewalt dieser Grundsätze ist so groß, sie sind so allgemein, anerkannt und verbreitet, dass der Staat, der sie nicht annimmt, entweder seinem Untergange oder der erzwungenen Annahme derselben entgegensehen muss. [...]
Also eine Revolution im guten Sinn, gerade hinführend zu dem großen Zwecke der Veredelung der Menschheit, durch Weisheit der Regierung und nicht durch gewaltsame Impulsion[2] von innen nach außen – das ist unser Ziel, unser leitendes Prinzip. Demokratische Grundsätze in einer monarchischen Regierung: Dieses scheint mir die angemessene Form für den gegenwärtigen Zeitgeist. [...] Unter anderen, aber ähnlichen Umständen, jedoch bei einem ganz verschiedenen Zeitgeist revolutionierte Kurfürst Friedrich Wilhelm der Große[3] [...] gleichfalls seinen Staat und legte den Grund zu seiner nachherigen Größe. War aber je ein Zeitpunkt günstig für solche Maßregeln, so ist es unstreitig der gegenwärtige, wo der Staat eine so große Veränderung erlitten hat und nach ganz neuen Grundsätzen handeln, einer gänzlichen Wiedergeburt unterliegen muss.

Zit. nach: Wolfgang Lautemann, Manfred Schlenke (Hrsg.): Geschichte in Quellen. Amerikanische und Französische Revolution. München 1981, S. 625 f.

1 Hardenberg spricht zuvor von „dem großen Weltplan einer weisen Vorsehung".
2 Anstoß.
3 Friedrich Wilhelm von Brandenburg, genannt der Große Kurfürst, legte in seiner Regierungszeit (1640–88) den Grundstein für den Aufstieg Brandenburg-Preußens.

9 „Aufruf" – Gedicht von Theodor Körner

Wie viele andere Literaten trat auch der Dichter Theodor Körner für den Kampf gegen Napoleon und die nationale Sache ein. Schon im März 1813 schloss sich Körner dem Freikorps des Majors von Lützow an. Als Adjutant fiel Körner im August 1813. Sein „Heldentod" und seine Kriegsgedichte ließen ihn zum bekanntesten Dichter der Befreiungskriege und zum Idol der nationalen Bewegung werden.

Frisch auf, mein Volk! Die Flammenzeichen rauchen;
Hell aus dem Norden bricht der Freiheit Licht.
Du sollst den Stahl in Feindesherzen tauchen.
Frisch auf, mein Volk! – Die Flammenzeichen rauchen,
Die Saat ist reif; ihr Schnitter, zaudert nicht!
Das höchste Heil, das letzte, liegt im Schwerte.
Drück dir den Speer ins treue Herz hinein!
Der Freiheit eine Gasse! – Wasch die Erde,
Dein deutsches Land, mit deinem Blute rein!

Es ist kein Krieg, von dem die Kronen wissen;
Es ist ein Kreuzzug; 's ist ein heil'ger Krieg.
Recht, Sitte, Tugend, Glauben und Gewissen
Hat der Tyrann aus deiner Brust gerissen;
Errette sie mit deiner Freiheit Sieg!
Das Winseln deiner Greise ruft: „Erwache!"
Der Hütte Schutt verflucht die Räuberbrut;
Die Schande deiner Töchter schreit um Rache,
Der Meuchelmord der Söhne schreit nach Blut.

Der Himmel hilft, die Hölle muss uns weichen.
Drauf, wackres Volk! Drauf! ruft die Freiheit, drauf.
Hoch schlägt dein Herz, hoch wachsen deine Eichen.
Was kümmern dich die Hügel deiner Leichen?
Hoch pflanze da die Freiheitsfahne auf!
Doch stehst du dann, mein Volk, bekränzt vom Glücke,
In deiner Vorzeit heil'gem Siegerglanz:
Vergiss die treuen Toten nicht und schmücke
Auch unsre Urne mit dem Eichenkranz!

Zit. nach: Karl Otto Conrady (Hrsg.): Das große deutsche Gedichtbuch. Kronberg 1977, S. 399 f.

10 Georg Friedrich Kersting: Körner, Friesen und Hartmann auf Vorposten, 1815; Berlin, Alte Nationalgalerie

Die Maler Georg Friedrich Kersting und Ferdinand Hartmann, der Dichter Theodor Körner und Karl Friedrich Friesen, Mitbegründer der deutschen Turnkunst durch Jahn, waren Mitglieder des Freikorps Lützow, der bekanntesten deutschen Freiwilligeneinheit der Befreiungskriege. Körner und Friesen fielen 1813 bzw. 1814.
Die Dargestellten tragen die lützowschen Uniformen, deren Farben (schwarzer Stoff, roter Kragen und goldene Knöpfe) Vorbild für die deutschen Nationalfarben wurden. Typische Bildelemente unterstreichen die nationale (Eichenwald als Symbol des Deutschtums) und freiheitliche Gesinnung (Rauchen als Symbol der Unangepasstheit und Widersetzlichkeit) der Personen.

11 „An mein Volk" – Proklamation Friedrich Wilhelms III.

Erst nach langem Zögern gab der preußische König Friedrich Wilhelm III. dem Drängen seiner Berater nach und rief zum Widerstand gegen Napoleon auf.

So wenig für Mein treues Volk als für Deutsche bedarf es einer Rechenschaft über die Ursachen des Krieges, welcher jetzt beginnt. Klar liegen sie dem unverblendeten Europa vor Augen.

Wir erlagen der Übermacht Frankreichs. Der Frieden, der die Hälfte Meiner Untertanen Mir entriß, gab uns seine Segnungen nicht; denn er schlug uns tiefere Wunden als selbst der Krieg. Das Mark des Landes ward ausgesogen, die Hauptfestungen blieben vom Feinde besetzt, der Ackerbau ward gelähmt, so wie der sonst so hoch gebrachte Kunstfleiß unserer Städte. Die Freiheit des Handelns ward gehemmt, und dadurch die Quelle des Erwerbs und des Wohlstandes verstopft. Das Land ward ein Raub der Verarmung.

Durch die strengste Erfüllung eingegangener Verbindlichkeiten hoffte ich Meinem Volke Erleichterung zu bereiten und den französischen Kaiser endlich zu überzeugen, dass es sein eigener Vorteil sei, Preußen seine Unabhängigkeit zu lassen. Aber Meine reinsten Absichten wurden durch Übermut und Treulosigkeit vereitelt, und nur zu deutlich sahen wir, dass des Kaisers Verträge mehr noch wie seine Kriege uns langsam verderben mussten. Jetzt ist der Augenblick gekommen, wo alle Täuschung über unseren Zustand aufhört.

Brandenburger, Preußen, Schlesier, Pommern, Litauer! Ihr wisst, was Ihr seit fast sieben Jahren erduldet habt, Ihr wisst, was Euer trauriges Los ist, wenn wir den beginnenden Kampf nicht ehrenvoll enden. Erinnert Euch an die Vorzeit, an den großen Kurfürsten, den großen Friedrich! Bleibt eingedenk der Güter, die unter ihnen unsere Vorfahren blutig erkämpften: Gewissensfreiheit, Ehre, Unabhängigkeit, Handel, Kunstfleiß und Wissenschaft. Gedenkt des großen Beispiels unserer mächtigen Verbündeten, der Russen, gedenkt der Spanier, der Portugiesen. Selbst kleinere Völker sind für gleiche Güter gegen mächtigere Feinde in den Kampf gezogen und haben den Sieg errungen. Erinnert Euch an die heldenmütigen Schweizer und Niederländer.

Große Opfer werden von allen Ständen gefordert werden: denn unser Beginnen ist groß und nicht gering die Zahl und die Mittel unserer Feinde. Ihr werdet jene lieber bringen für das Vaterland, für Euren angeborenen König, als für einen fremden Herrscher, der wie so viele Beispiele lehren, Eure Söhne und Eure letzten Kräfte Zwecken widmen würde, die Euch ganz fremd sind. Vertrauen auf Gott, Ausdauer, Mut, und der mächtige Beistand unseres Bundesgenossen werden unseren redlichen Anstrengungen siegreichen Lohn gewähren.

Aber, welche Opfer auch von Einzelnen gefordert werden mögen, sie wiegen die heiligen Güter nicht auf, für die wir sie hingeben, für die wir streiten und siegen müssen, wenn wir nicht aufhören wollen, Preußen und Deutsche zu sein.

Es ist der letzte entscheidende Kampf, den wir bestehen für unsere Existenz, unsere Unabhängigkeit, unseren Wohlstand; keinen anderen Ausweg gibt es, als einen ehrenvollen Frieden oder einen ruhmvollen Untergang. Auch diesem würdet Ihr getrost entgegengehen um der Ehre willen, weil ehrlos der Preuße und der Deutsche nicht zu leben vermag. Allein wir dürfen mit Zuversicht vertrauen: Gott und unser fester Willen werden unserer gerechten Sache den Sieg verleihen, mit ihm einen sicheren glorreichen Frieden und die Wiederkehr einer glücklichen Zeit.

Breslau, den 17. März 1813 Friedrich Wilhelm

Zit. nach: Gilbert Krebs, Bernard Poloni (Hrsg.): Volk, Reich und Nation. Texte zur Einheit Deutschlands in Staat, Wirtschaft und Gesellschaft 1806–1918. Paris 1994, S. 24 f.

12 Die Deutsche Bundesakte vom 8. Juni 1815

Mit der Verabschiedung der Deutschen Bundesakte wurde der Deutsche Bund gegründet, der (außer in den Jahren 1848/49) bis 1866 Bestand hatte. Die Bundesakte war Teil der auf dem Wiener Kongress beschlossenen Kongressakte.

Im Namen der allerheiligsten und untheilbaren Dreieinigkeit

Die souverainen Fürsten und freien Städte Deutschlands, den gemeinsamen Wunsch hegend, den 6. Artikel des Pariser Friedens vom 30. Mai 1814 in Erfüllung zu setzen, und von den Vortheilen überzeugt, welche aus ihrer festen und dauerhaften Verbindung für die Sicherheit und Unabhängigkeit Deutschlands, und die Ruhe und das Gleichgewicht Europas hervorgehen würden, sind übereingekommen, sich zu einem beständigen Bunde zu vereinigen, und haben zu diesem Behuf ihre Gesandten und Abgeordneten am Congresse in Wien mit Vollmachten versehen, nämlich: [es folgen die Namen der Bevollmächtigten]

In Gemäßheit dieses Beschlusses haben die vorstehenden Bevollmächtigten, nach geschehener Auswechslung ihrer richtig befundenen Vollmachten, folgende Artikel verabredet.

Art. I. Die souverainen Fürsten und freien Städte Deutschlands mit Einschluß Ihrer Majestäten des Kaisers von Österreich und der Könige von Preußen, von Dänemark und der Niederlande, und zwar der Kaiser von Österreich, der König von Preußen, beide für ihre gesammten vormals zum deutschen Reich gehörigen Besitzungen, der König von Dänemark für Holstein, der König der Niederlande für das Großherzogthum Luxemburg, vereinigen sich zu einem beständigen Bunde, welcher der deutsche Bund heißen soll.

Art. II. Der Zweck desselben ist Erhaltung der äußeren und inneren Sicherheit Deutschlands und der Unabhängigkeit und Unverletzbarkeit der einzelnen deutschen Staaten.

Art. III. Alle Bundesglieder haben als solche gleiche Rechte; sie verpflichten sich alle gleichmäßig die Bundesacte unverbrüchlich zu halten.

Art. IV. Die Angelegenheiten des Bundes werden durch eine Bundesversammlung besorgt, in welcher alle Glieder desselben durch ihre Bevollmächtigten theils einzelne, theils Gesammtstimmen folgendermaßen, jedoch unbeschadet ihres Ranges führen: [Es folgt die Aufzählung der Mitglieder und die Stimmverteilung] [...]

Art. IX. Die Bundesversammlung hat ihren Sitz zu Frankfurt am Main. [...]

Art. XI. Alle Mitglieder des Bundes versprechen sowohl ganz Deutschland als jeden einzelnen Bundesstaat gegen jeden Angriff in Schutz zu nehmen und garantiren sich gegenseitig ihre sämmtlichen unter dem Bunde begriffenen Besitzungen.

Bei einmal erklärtem Bundeskrieg darf kein Mitglied einseitige Unterhandlungen mit dem Feinde eingehen, noch einseitig Waffenstillstand oder Frieden schließen.

Die Bundesglieder behalten zwar das Recht der Bündnisse aller Art; verpflichten sich jedoch in keine Verbindungen einzugehen, welche gegen die Sicherheit des Bundes oder einzelner Bundesstaaten gerichtet wären.

Die Bundesglieder machen sich ebenfalls verbindlich, einander unter keinerlei Vorwand zu bekriegen, noch ihre Streitigkeiten mit Gewalt zu verfolgen, sondern sie bei der Bundesversammlung anzubringen. […]

Art. XIII. In allen Bundesstaaten wird eine landständische Verfassung statt finden.*

[…]

Art. XVIII. Die verbündeten Fürsten und freien Städte kommen überein, den Unterthanen der deutschen Bundesstaaten folgende Rechte zuzusichern:

a) Grundeigenthum außerhalb des Staates, den sie bewohnen, zu erwerben und zu besitzen, ohne deßhalb in dem fremden Staate mehreren Abgaben und Lasten unterworfen zu seyn, als dessen eigene Unterthanen;

b) Die Befugniß 1. des freien Wegziehens aus einem deutschen Bundesstaat in den andern, der erweislich sie zu Unterthanen annehmen will, auch 2. in Civil- und Militärdienste desselben zu treten, beides jedoch nur in so fern keine Verbindlichkeit zu Militärdiensten gegen das bisherige Vaterland im Wege stehe; […]

d) Die Bundesversammlung wird sich bei ihrer ersten Zusammenkunft mit Abfassung gleichförmiger Verfügungen über die Preßfreiheit und die Sicherstellung der Rechte der Schriftsteller und Verleger gegen den Nachdruck beschäftigen.

**In der Wiener Schlussakte vom 15. Mai 1820 wurde der Art. XIII der Deutschen Bundesakte wie folgt konkretisiert:*

Art. LIV. Da nach dem Sinn des dreizehnten Artikels der Bundesacte, und den darüber erfolgten spätern Erklärungen, in allen Bundesstaaten landständische Verfassungen Statt finden sollen, so hat die Bundesversammlung darüber zu wachen, daß diese Bestimmung in keinem Bundesstaate unerfüllt bleibe.

Art. LV. Den souverainen Fürsten der Bundesstaaten bleibt überlassen, diese innere Landes-Angelegenheit mit Berücksichtigung sowohl der früherhin gesetzlich bestandenen ständischen Rechte, als der gegenwärtig obwaltenden Verhältnisse zu ordnen.

Art. LVI. Die in anerkannter Wirksamkeit bestehenden landständischen Verfassungen können nur auf verfassungsmäßigem Wege wieder abgeändert werden.

Art. LVII. Da der deutsche Bund, mit Ausnahme der freien Städte, aus souverainen Fürsten besteht, so muß, dem hierdurch gegebenen Grundbegriffe zufolge, die gesammte Staatsgewalt in dem Oberhaupte des Staats vereinigt bleiben, und der Souverain kann durch eine landständische Verfassung nur in der Ausübung bestimmter Rechte an die Mitwirkung der Stände gebunden werden.

Art. LVIII. Die im Bunde vereinten souverainen Fürsten dürfen durch keine landständische Verfassung in der Erfüllung ihrer bundesmäßigen Verpflichtungen gehindert oder beschränkt werden.

Zit. nach: Wolfgang Lautemann, Manfred Schlenke (Hrsg.): Geschichte in Quellen. Das bürgerliche Zeitalter 1815–1914. München 1980, S. 23 ff.

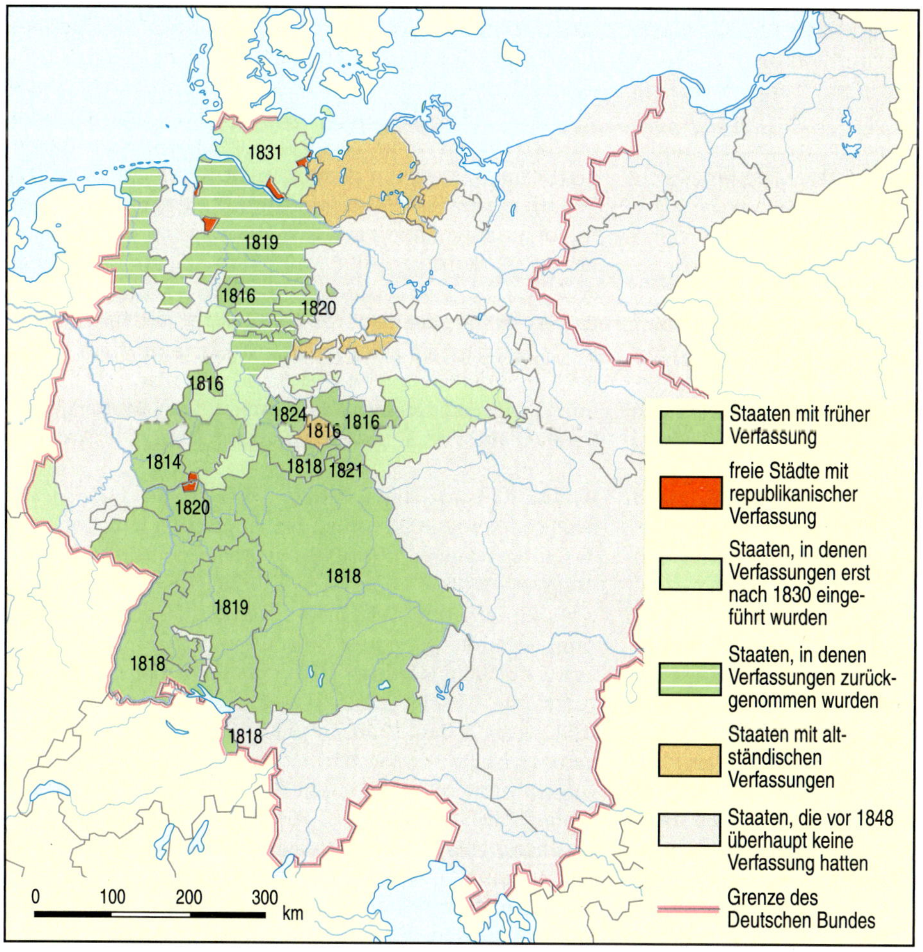

13 Staatsverfassungen im Deutschen Bund

14 Steins Urteil über die Verfassung des Deutschen Bundes 1815

Der ehemalige preußische leitende Minister Heinrich Friedrich Karl Reichsfreiherr vom und zum Stein, der am Wiener Kongress als Berater der russischen Delegation teilnahm, bewertete in einer Stellungnahme für das russische Kabinett die Deutsche Bundesakte. Seine Denkschrift vom 24. Juni 1815 spiegelt die allgemeine Einschätzung des Deutschen Bundes bei den Vertretern der liberalen und nationalen Bewegung wider.

Die Deutsche Bundesakte ist am 8ten Junius durch die Bevollmächtigten der deutschen Könige, Fürsten und Städte unterzeichnet worden. Jeder Mann, der sein Vaterland liebt und dessen Glück und Ruhm wünscht, ist berufen zu untersuchen, ob der Inhalt dieser Urkunde der Erwartung der Nation entspricht, der Größe ihrer Anstrengungen, ihrer Leiden, der Tatkraft und Beschaffenheit des Geistes, der sie jene zu machen und diese zu ertragen in Stand setzte? Ob sie in dieser Urkunde die Gewähr ihrer bürgerlichen und politischen Freiheit findet? […]

Unsere neuen Gesetzgeber haben an die Stelle des alten Deutschen Reiches mit einem Haupte, gesetzgebender Versammlung, Gerichtshöfen, einer Innern Einrichtung, die ein Ganzes bildete – einen Deutschen Bund gesetzt, ohne Haupt, ohne Gerichtshöfe, schwach verbunden für die gemeine Verteidigung. Die Rechte der Einzelnen sind durch nichts gesichert als die unbestimmte Erklärung, „daß es Landstände geben solle"; ohne daß etwas über deren Befugnisse festgestellt ist (Art. 13); und durch eine Reihe Grundsätze (Art. 18) über die Rechte jedes Deutschen, worunter man die Habeas corpus, die Abschaffung der Leibeigenschaft ausgelassen hat, und welche durch keine schützende Einrichtung verbürgt werden.

Die Bildung des Bundestages […] gestattet nur schwer eine für alle verbindliche Handlung, da die Fälle welche Einstimmigkeit erheischen, so zahlreich und so unbestimmt ausgedrückt sind. Sie wird erfordert jedes Mal, wo es sich darum handelt

a) Grundgesetze zu geben oder zu verändern,
b) organische Bundes-Einrichtungen zu schaffen,
c) über Rechte Einzelner zu beschließen
d) oder über Gegenstände der Religion.

Das Recht der Bündnisse einzelner Staaten mit Fremden wird allein durch die Verpflichtung beschränkt, keine Verbindungen einzugehen, welche gegen den Bund oder eines seiner Glieder gerichtet sind (Art. 11). – Der Deutsche wird also sein Blut vergießen für seinem Lande fremde Streitigkeiten, wenn sein Fürst sich mit Frankreich oder England gegen eine andere Macht verbündet – er wird sogar verpflichtet sein, seinen Landsmann zu bekämpfen, wenn dessen Fürst sich mit dem Gegner verbunden hat.

Von einer so fehlerhaften Verfassung lässt sich nur ein sehr schwacher Einfluss auf das öffentliche Glück Deutschlands erwarten, und man muss hoffen, dass die despotischen Grundsätze, von denen mehrere Kabinette sich noch nicht losmachen können, nach und nach durch die öffentliche Meinung, die Freiheit der Presse und das Beispiel zerstört werden, welches mehrere Fürsten besonders Preußen, geben zu wollen scheinen, indem sie ihren Untertanen eine weise und wohltätige Verfassung erteilen. […]

Zit. nach: Wolfgang Hardtwig, Helmut Hinze (Hrsg.): Deutsche Geschichte in Quellen und Darstellung. Vom Deutschen Bund zum Kaiserreich 1815–1871. Stuttgart 1997, S. 55 ff.

15 Über die Rolle Deutschlands im europäischen Staatensystem

Der Historiker Adolf Hermann Ludwig Heeren verfasste 1816 die Denkschrift „Der Deutsche Bund in seinen Verhältnissen zu dem Europäischen Staatensystem".

Das Wesen dieses Systems [gemeint ist das europäische Staatensystem] […] besteht darin, daß es ein freies System, d.h. ein Inbegriff von Staaten ist, die sich bei aller äußeren und innern Ungleichheit dennoch wechselseitig als frei und unabhängig von einander betrachten, und diese Freiheit und Unabhängigkeit aufrecht erhalten wollen. Dieß ist es, was die Kunstsprache der Politik sonst das System des Gleichgewichts nannte; dessen wahrer Wert sogleich in die Augen fällt, wenn man das Wesen desselben aufgefaßt hat. Europa hat den Versuch mit dem entgegengesetzten System, dem eines vorherrschenden Staats, oder, wie man es sonst nannte, einer Universalmonarchie, gemacht, und wird ihn schwerlich erneuern wollen. Es giebt aber kein drittes; mithin geht klar daraus hervor: der Deutsche Bundesstaat steht nur in so fern in Uebereinstimmung mit dem Wesen des allgemeinen Staatensystems von Europa, als er die Freyheit desselben aufrecht erhalten will.

Der Deutsche Bundesstaat macht geographisch den Mittelpunkt dieses Systems aus. Er berührt, ganz oder beynahe, die Hauptstaaten des Westens und Ostens; und nicht leicht kann auf der einen oder andern Seite unseres Welttheils sich etwas ereignen, was ihm gleichgültig bleiben könnte. Aber in Wahrheit, auch den fremden Mächten kann es nicht gleichgültig seyn, wie der Centralstaat von Europa geformt ist! Wäre dieser Staat eine große Monarchie mit strenger politischer Einheit; ausgerüstet mit allen den materiellen Staatskräften, die Deutschland besitzt – welcher sichere Ruhestand wäre für sie möglich? Wäre er auch nicht für sich allein mächtig genug zum Erobern, was bedürfte es mehr als seiner Allianz mit einer Hauptmacht im Westen, um dem Osten, mit einer Hauptmacht im Osten, um dem Westen gefährlich zu werden? Um bey jedem ausbrechenden Kriege den Weg nach Moskau oder nach Paris zu öffnen? Ja! würde ein solcher Staat lange der Versuchung widerstehen können, die Vorherrschaft in Europa sich anzueignen, wozu seine Lage und seine Macht ihn zu berechtigen schienen? Es ist leicht einzusehen; wer die Geschichte kennt, wird es nicht bezweifeln: die Entstehung einer einzigen und unumschränkten Monarchie in Deutschland würde binnen kurzem das Grab der Freyheit von Europa. […]

Ein Bundesstaat kann seiner Natur nach schon nicht leicht erobernder Staat seyn wollen, weil er kein Interesse dabey hat. Welchen Vorteil zöge er aus den Eroberungen; und wem sollten sie zu Gute kommen? Für die Vortheile eines einzelnen seiner Glieder werden die anderen nicht kämpfen; und Eroberungen für das Ganze wären nur in so fern gedenkbar, als man etwa einen fremden Staat zwingen wollte, dem Bundesstaat beyzutreten; ein Fall, der hier so außerhalb den Gränzen der Wahrscheinlichkeit liegt, daß es unnütz seyn würde, sich dabei zu verweilen. Aber gesetzt auch, er wollte erobern, so fehlen ihm die Mittel dazu. Es liegt, aus leicht einzusehenden Gründen, in dem Charakter eines Bundesstaates, daß, wie stark er auch zur Verteidigung seyn mag, er doch schwach zum Angriff ist; vor allem wo er, wie hier, auf beyden Seiten von mächtigen Monarchien eingeschlossen ist.

Zit. nach: Peter Longerich (Hrsg.): „Was ist des Deutschen Vaterland?" Dokumente zur Frage der deutschen Einheit, 1800 bis 1990. München 1990, S. 57 ff.

16 Allegorische Darstellung der Heiligen Allianz, Kupferstich, 1815. Die Monarchen der Länder Russland, Österreich und Preußen, Alexander I., Franz I. und Wilhelm III., verpflichten sich zu einer christlichen Regierung nach innen und zur Solidarität nach außen.

17 Die „Heilige Allianz“

Diesem am 26. September 1815 zwischen Alexander I. von Russland, Franz I. von Österreich und Friedrich Wilhelm III. von Preußen geschlossenen Vertrag traten in der Folge alle europäischen Herrscher bei; lediglich der türkische Sultan und der Papst blieben fern. Während Großbritannien den Vertrag ebenfalls nicht unterzeichnete, gehörte der Prinzregent von England als König von Hannover der Allianz an.

Im Namen der heiligen unteilbaren Dreieinigkeit!

Ihre Majestäten der Kaiser von Österreich, der König von Preußen und der Kaiser von Russland haben durch die großen Ereignisse, die Europa die letzten drei Jahre erfüllt haben, und besonders durch die Wohltaten, die die göttliche Vorsehung über die Staaten ausgegossen hat, deren Regierungen ihr Vertrauen und ihre Hoffnungen auf sie allein gesetzt haben, die innere Überzeugung gewonnen, dass es notwendig ist, ihre gegenseitigen Beziehungen auf die erhabenen Wahrheiten zu begründen, die die unvergängliche Religion des göttlichen Erlösers lehrt.

Sie erklären daher feierlich, dass die gegenwärtige Vereinbarung lediglich den Zweck hat, vor aller Welt ihren unerschütterlichen Entschluss zu bekunden, als die Richtschnur ihres Verhaltens in der inneren Verwaltung ihrer Staaten sowohl als auch in den politischen Beziehungen zu jeder anderen Regierung allein die Gebote dieser heiligen Religion anzusehen, Gebote der Gerechtigkeit, der Liebe und des Friedens, [...] damit sie den menschlichen Einrichtungen Dauer verleihen und ihre Unvollkommenheiten abhelfen.

Daher haben Ihre Majestäten folgende Artikel vereinbart:

Art. I. Entsprechend den Worten der Heiligen Schrift, die alle Menschen sich wie Brüder zu betrachten heißen, werden die drei kontrahierenden Monarchen vereint bleiben durch die Bande einer wahren und unauflöslichen Brüderlichkeit, indem sie sich als Landleute betrachten; sie werden sich bei jeder Gelegenheit und an jedem Orte Beistand und Hilfe gewähren; indem sie ihren Untertanen und Herren gegenüber sich als Familienväter betrachten, werden sie diese in demselben Geiste von Brüderlichkeit regieren, von dem sie erfüllt sind, um Religion, Frieden und Gerechtigkeit zu schirmen.

Art. II. Infolgedessen wird der einzige Grundsatz, sei es zwischen den genannten Regierungen, sei es zwischen ihren Untertanen, der sein, sich wechselseitig Dienste zu leisten, durch ein unveränderliches Wohlwollen die gegenseitige Zuneigung zu bezeugen, von der sie beseelt sein sollen, sich insgesamt nur als Glieder ein und derselben christlichen Nation zu betrachten. Die drei alliierten Fürsten sehen sich selbst nur an als Beauftragte der Vorsehung, um drei Zweige ein und derselben Familie zu leiten, nämlich Österreich, Preußen und Russland, und bekennen dadurch, dass die christliche Nation [...] in Wahrheit keinen anderen Herrn hat, als [...] Gott, unsern göttlichen Erlöser Jesus Christus, das Wort des Allerhöchsten, das Wort des Lebens. Ihre Majestäten empfehlen daher mit der zartesten Sorge ihren Völkern als einziges Mittel diesen Frieden zu genießen, [...] sich täglich mehr zu befestigen in den Grundsätzen und der Übung der Pflichten, die der göttliche Erlöser die Menschen gelehrt hat.

Art. III. Alle Mächte, die feierlich diese geheiligten Grundsätze bekennen [...] und anerkennen werden, wie wichtig es für das Glück der zu lange erschütterten Nationen ist, dass diese Wahrheiten künftig auf die menschlichen Schicksale den ganzen Einfluss ausüben, der ihnen gebührt, werden mit ebensoviel Eifer als Gunst in diese Heilige Allianz aufgenommen werden.

Dreifach gegeben und gezeichnet zu Paris im Jahre des Heils 1815, den 14./26. September.

Franz Friedrich Wilhelm Alexander

Zit. nach: Wolfgang Hardtwig, Helmut Hinze (Hrsg.): Deutsche Geschichte in Quellen und Darstellung. Vom Deutschen Bund zum Kaiserreich 1815–1871. Stuttgart 1997, S. 57–60

18 Verfassungsurkunde für das Königreich Bayern vom 26. Mai 1818

Maximilian Joseph, von Gottes Gnaden König von Baiern.

Von den hohen Regentenpflichten durchdrungen und geleitet, haben Wir Unsere bisherige Regierung mit solchen Einrichtungen bezeichnet, welche Unser fortgesetztes Bestreben, das Gesammtwohl Unserer Unterthanen zu befördern, beurkunden. Zur festern Begründung desselben gaben Wir schon im Jahre 1808 Unserem Reiche eine seinen damaligen äußern und innern Verhältnissen angemessene Verfassung, in welche Wir schon die Einführung einer ständischen Versammlung, als eines wesentlichen Bestandtheiles, aufgenommen haben. Kaum hatten die großen, seit jener Zeit eingetretenen Weltbegebenheiten, von welchen kein deutscher Staat unberührt geblieben ist, und während welcher das Volk von Bayern gleich groß im erlittenen Drucke wie im bestandenen Kampfe sich gezeigt hat, in der Acte des Wiener Congresses ihr Ziel gefunden, als Wir sogleich das nur durch die Ereignisse der Zeit unterbrochene Werk, mit unverrücktem Blicke auf die allgemeinen und besondern Forderungen des Staatszweckes zu vollenden suchten, die im Jahre 1814 dafür angeordneten Vorarbeiten und das Decret vom 2. Februar 1817 bestätigen Unsern hierüber schon früher gefaßten festen Entschluß. Die gegenwärtige Acte ist, nach vorgegangener reifer und vielseitiger Berathung, und nach Vernehmung

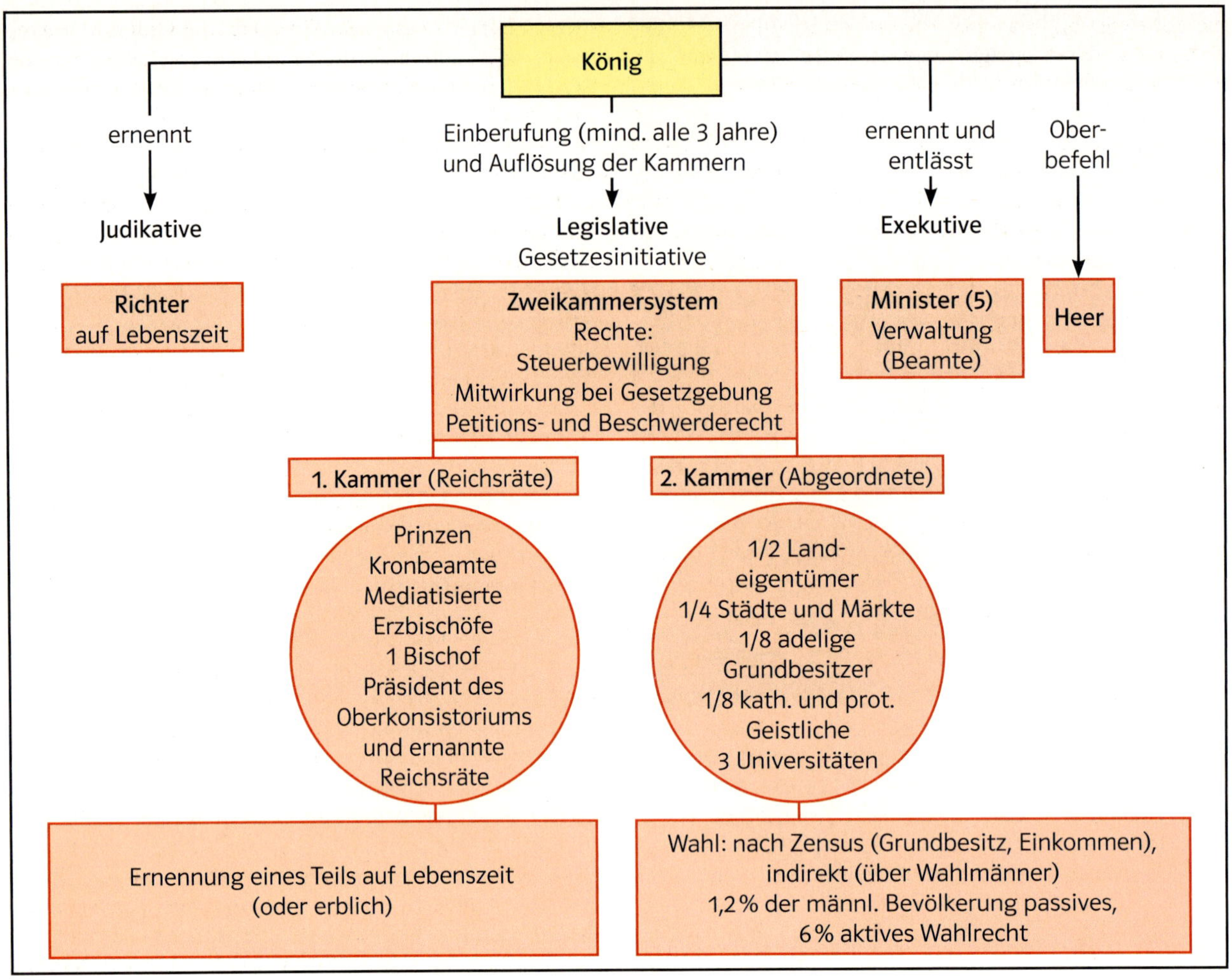

Nach: Lothar Altmann: Vom neuen zum modernen Bayern. Regensburg 2006, S. 12

19 Verfassungsschema Bayerns 1818

Unseres Staatsrathes das Werk Unseres ebenso freyen als festen Willens. Unser Volk wird in dem Inhalte desselben die kräftigste Gewährleistung Unserer landesväterlichen Gesinnungen finden.

Freyheit der Gewissen, und gewissenhafte Scheidung und Schützung dessen, was des Staates und der Kirche ist.

Freyheit der Meinungen, mit gesetzlichen Beschränkungen gegen den Mißbrauch.

Gleiches Recht der Eingebornen zu allen Graden des Staatsdienstes und zu allen Bezeichnungen des Verdienstes.

Gleiche Berufung zur Pflicht und zur Ehre der Waffen.

Gleichheit der Gesetze und vor dem Gesetze.

Unpartheylichkeit und Unaufhaltbarkeit der Rechtspflege.

Gleichheit der Belegung und der Pflichtigkeit ihrer Leistung.

Ordnung durch alle Theile des Staats-Haushaltes, rechtlicher Schutz des Staats-Credits, und gesicherte Verwendung der dafür bestimmten Mittel.

Wiederbelebung der Gemeindekörper durch die Wiedergabe der Verwaltung der ihr Wohl zunächst berührenden Angelegenheiten.

Eine Standschaft hervorgehend aus allen Klassen der im Staate ansässigen Staatsbürger, mit den Rechten des Beyrathes, der Zustimmung, der Willigung, der Wünsche und der Beschwerdeführung wegen verletzter verfassungsmäßiger Rechte, berufen, um in öffentlichen Versammlungen die Weisheit der Berathung zu verstärken, ohne die Kraft der Regierung zu schwächen.

Endlich eine Gewähr der Verfassung, sichernd gegen willkührlichen Wechsel, aber nicht hindernd das Fortschreiten zum Bessern nach geprüften Erfahrungen.

Baiern! Dies sind die Grundzüge der aus Unserm freyen Entschlusse euch gegebenen Verfassung, sehet darin die Grundsätze eines Königs, welcher das Glück seines Herzens und den Ruhm seines Thrones nur von dem Glücke des Vaterlandes und von der Liebe seines Volkes empfangen will!

Zit. nach: Wolfgang Hardtwig, Helmut Hinze (Hrsg.): Deutsche Geschichte in Quellen und Darstellung. Vom Deutschen Bund zum Kaiserreich 1815–1871. Stuttgart 1997, S. 83 f.

20 Über die „Restauration der Staatswissenschaft" von Carl Ludwig von Haller

Der Staatsrechtler Carl Ludwig von Haller gab mit seinem Buch „Restauration der Staatswissenschaften oder Theorie des natürlich-geselligen Zustands, der Chimäre[1] *des künstlich-bürgerlichen entgegengesetzt" der Epoche ab 1815 ihren Namen.*

Das erste und wesentliche Recht eines Fürsten […] ist das seiner *Unabhängigkeit oder vollendeten Freiheit.* Kraft derselben ist er auf seinem Gebiet der einzige ganz Freie und niemandem auf Erden dienstbar; […] er hat also nicht menschliche Befehle, die niemand ihm zu geben befugt ist, niemand gegen ihn zu vollziehen vermöchte, sondern nur allein Gott oder die göttlichen Gesetze über sich zu erkennen, das heißt die Gesetze der Naturnotwendigkeit, deren Einsicht und kluge Befolgung Weisheit genannt wird, und die Gesetze der ins Herz geschriebenen Pflicht, die in Gerechtigkeit und tätigem Wohlwollen besteht. Verträge sind die einzige positive Vorschrift, denen die Fürsten unterworfen sind, und diese sollen sie halten, nicht weil ihr Wille sie geschlossen hat – denn dieser Wille könnte geändert werden –, sondern weil durch solchen Vertrag der andere Teil ein Recht erworben hat, was ihm ohne Beleidigung nicht entrissen werden kann, und mithin die Pflicht, Verträge zu halten, schon aus dem göttlichen Gesetze fließt.

Die Könige stehen also freilich unter einem Gesetz, aber nicht unter einem menschlichen, sondern nur unter dem göttlichen oder natürlichen. Gott ist der König der Könige, sein Gesetz das höchste aller Gesetze. [...] Es legt den Fürsten mehrere und zweckmäßigere Pflichten auf, als alle Menschensatzungen es tun könnten. Denn die menschlichen Gesetze haben immer viele Lücken, die natürlichen keine; [...] jene sind wandelbar wie der Wille und die Launen der Menschen, diese ewig die gleichen. [...]

Und wenn man also die Fürsten in älteren Zeiten Statthalter Gottes nannte, so lag diesem Ausdruck gar kein Stolz, sondern ein schöner und tiefer Gedanke zum Grund. Denn die Macht oder die Glücksgüter [...] haben sie doch nur von ihm. [...] Tun sie aber seinen Willen nicht, üben sie weder Gerechtigkeit noch Liebe, so sind sie auch nicht mehr seine Statthalter, sondern undankbare Söhne, die sich gegen den obersten Herren und Gesetzgeber auflehnen. Jener Titel, weit entfernt, den Hochmut zu begünstigen, legt also den Fürsten eine schwere, ja Demut erweckende Last auf, und die neueren Sophisten[2], welche ihn verwerfen, die Religion abschaffen, für schädlich ausgeben oder wenigstens als eine dem Staat gleichgültige Privatmeinung betrachten wollten, haben auch hierdurch der Welt unglaublich geschadet, und statt der milden, jedermann schützenden göttlichen Gesetze nur physische Gewalt, menschliche Willkür und grenzenloses Unrecht herbeigeführt.

Zit. nach: Carl Ludwig Haller: Restauration der Staatswissenschaften oder Theorie des natürlich-geselligen Zustands, der Chimäre des künstlich-bürgerlichen entgegengesetzt. Winterthur [2]1820, S. 64 ff.

[1] Hirngespinst.
[2] Hier: Wortverdreher.

Arbeitsvorschläge:

1. Nennen und erläutern Sie die Gründe, die der Historiker Thomas Nipperdey für das Ende des Heiligen Römischen Reiches deutscher Nation anführt (M 7).
2. Charakterisieren Sie das Herrschaftsverständnis Napoleons I. anhand des Gemäldes Jacques-Louis Davids „Bonaparte beim Überschreiten der Alpen am Großen Sankt Bernhard". Vergleichen Sie mit der Darstellung der „Heiligen Allianz". Beziehen Sie hierbei auch den Ausspruch Napoleons im Juni 1813 gegenüber Metternich ein: „Eure Herrscher, geboren auf dem Throne, können sich zwanzigmal schlagen lassen und doch immer wieder in ihre Residenzen zurückkehren; das kann ich nicht, ich, der Sohn des Glücks! Meine Herrschaft überdauert den Tag nicht, an dem ich aufgehört habe, stark und folglich gefürchtet zu sein." (M 1, M 16).
3. Erläutern Sie den historischen Hintergrund, vor dem die Rigaer Denkschrift Hardenbergs verfasst wurde. Analysieren Sie diese Denkschrift, indem Sie Hardenbergs Bewertung der Französischen Revolution und seine Vorstellung einer „Revolution im guten Sinn" herausarbeiten (M 8).
4. Otto von Bismarck schrieb über seine Politik der nationalen Einigung: „Soll Revolution sein, so wollen wir sie lieber machen als erleiden." Weisen Sie nach, dass dieser Satz in ähnlicher Weise auf die preußischen Reformer übertragbar ist.
5. Untersuchen Sie die argumentativen und sprachlichen Mittel, mit denen Theodor Körner die Deutschen zum Kampf gegen Napoleon aufruft. Zeigen Sie anhand dieses Aufrufes typische Merkmale des (deutschen) Nationalismus auf (M 9).
6. Arbeiten Sie die Argumente heraus, mit denen Friedrich Wilhelm III. in seiner Proklamation „An mein Volk" den Krieg gegen Napoleon rechtfertigt. Untersuchen Sie, inwieweit Friedrich Wilhelm III. mit dieser Proklamation den patriotischen Erwartungen entsprach. Vergleichen Sie hierfür seinen Aufruf mit dem „Aufruf" Theodor Körners (M 11, M 9).
7. Analysieren Sie die Deutsche Bundesakte unter den Gesichtspunkten Ziele und Gründer des Bundes, Rechte und Pflichten der Mitglieder. Vergleichen Sie mit den liberalen und nationalen Erwartungen (M 12).
8. Analysieren Sie die verschiedenen Bewertungen des Deutschen Bundes (Freiherr vom Stein, Heeren), indem Sie jeweils Hauptaussage und Argumentation herausarbeiten. Überprüfen Sie diese Urteile und nehmen Sie abschließend Stellung (M 14, M 15).
9. Charakterisieren Sie das Herrschaftsverständnis des österreichischen Kaisers und des Königs von Preußen anhand der Gründungsurkunde der „Heiligen Allianz" (M 17).
10. Analysieren Sie die Verfassungsurkunde Bayerns von 1818 im Hinblick auf das Selbstverständnis des Monarchen und die Stellung seiner Untertanen. Untersuchen Sie, ob die Verfassung Bayerns den Vorgaben der Deutschen Bundesakte und der Wiener Schlussakte entsprach (M 12, M 18, M 19).
11. Arbeiten Sie die Grundgedanken der „Restauration der Staatswissenschaft" Hallers heraus. Überprüfen Sie, ob die Stellung des bayerischen Monarchen nach der Verfassung von 1818 diesen Vorstellungen entsprach (M 20).
12. Beschreiben Sie Phasen der Verfassungsentwicklung im Deutschen Bund. Nennen Sie Gründe dafür (M 13).

2 Deutschland und Europa 1815 bis 1832 – national-liberale Bewegung und restaurative Politik

Die national-liberale Bewegung in Deutschland

Die Reformzeit und die Befreiungskriege hatten in Deutschland zur Entstehung und Verbreitung von nationalen und liberalen Ideen geführt. Trotz unterschiedlicher Ausrichtung waren die Forderungen nach nationaler Einheit und individueller Freiheit nicht voneinander zu trennen, sodass für die erste Hälfte des 19. Jahrhunderts von einer national-liberalen Bewegung in Deutschland gesprochen werden kann. Gemeinsam waren Liberalismus und Nationalismus nicht nur eine ähnliche soziale Basis und der gleiche politische Gegner, sondern auch die Forderung nach Selbstbestimmung – einer Forderung, die es gegenüber dem Machtanspruch der Fürsten und anderer traditioneller Kräfte durchzusetzen galt.

Selbstbestimmung in liberaler Hinsicht hieß Schutz des Individuums vor Fremdbestimmung und Willkürherrschaft. Hierfür war die Garantie von Grund- und Menschenrechten – wie etwa die Freiheit der Person, die Gleichheit vor dem Gesetz, Meinungs-, Versammlungs- und Pressefreiheit, aber auch das Recht auf Eigentum – genauso wesentlich wie die Existenz einer Verfassung, d.h. einer allgemein anerkannten, auch für den Monarchen bindenden Rechtsordnung. Um Machtkonzentration und Machtmissbrauch zu verhindern, sollte der liberale Staat dem Prinzip der Gewaltenteilung, also Trennung der Staatsgewalt in rechtsprechende (Judikative), ausführende (Exekutive) und gesetzgebende Gewalt (Legislative) folgen. Während die exekutive Gewalt dem Fürsten und die Rechtsprechung unabhängigen Richtern zugewiesen wurden, forderten die Liberalen im Bereich der Legislative ein Mitbestimmungsrecht. In freien Wahlen sollten Vertreter der Staatsbürger benannt werden, denen das Recht der Zustimmung zu Gesetzen, insbesondere der Verabschiedung des Staatshaushaltes (Budgetrecht), aber auch der Eingabe von Bitten bzw. Beschwerden an die Regierung und den Monarchen (Petitionsrecht) zustand. Im Gegensatz zur geforderten Gleichheit in rechtlicher Hinsicht lehnten die Liberalen eine politische Gleichbehandlung mehrheitlich ab. Für die politische Teilhabe sahen sie nur denjenigen als

1 **„Der Anti-Zeitgeist" und „Der Zeitgeist"**, Johann Michael Voltz, 1819 und 1819/20
Der „Anti-Zeitgeist" mit Perücke und aristokratischer Kleidung reitet auf einem Stammbaum, welcher bei Adam beginnt. Der „Zeitgeist" trägt altdeutsche Kleidung sowie wilde Bart- und Haartracht, Zeichen einer nationalen und rebellischen Gesinnung.
Weitere Bildelemente und ihre Bedeutung sind *Bocksbeine* und *Drachenflügel* (Symbole des Teufels), *Esel* (Symbol der Dummheit und Sturheit), *Falke* (Symbol der höfischen Lebensart), *Fledermaus* und *Eule* (Symbole der Nacht), *Kranz aus Eichenlaub* (Symbol des Sieges), *Kröte* und *Molch* (Symbole des Bösen), *rote Mütze* (Symbol der Freiheit, aber auch der radikalen Revolution), *Sonne* und *(Kerzen-)Flamme* (Symbol der Aufklärung) sowie *Waage* (Symbol der Gerechtigkeit).

qualifiziert an, der sich durch Besitz und Bildung oder durch entsprechende Steuerzahlungen auswies. Dem größeren Teil der Gesellschaft, den ungebildeten und nicht besitzenden Schichten und natürlich den Frauen, wurden nur beschränkte oder keine politischen Rechte zugestanden.

Freiheit von Fremdbestimmung bedeutete für den Liberalismus auch wirtschaftliche Selbstbestimmung. Nur in einem freien Markt, der keine staatlichen Eingriffe kannte, in dem freier Wettbewerb und Freihandel herrschten, hatte nach Vorstellung der Liberalen jeder Mensch die gleichen Chancen und konnte sich optimal entfalten. Unberücksichtigt blieb hierbei jedoch, dass der wirtschaftliche Erfolg nicht alleine nur von rechtsgleichen und freiheitlichen Rahmenbedingungen abhing, sondern auch von weiteren Voraussetzungen wie Besitz, Bildung und sozialer Zugehörigkeit.

Der innere Widerspruch des Liberalismus, einerseits rechtliche Gleichheit zu fordern, andererseits politische und soziale Gleichheit abzulehnen, wurde auch von einem Teil der liberalen Bewegung erkannt und zunehmend kritisiert. Zum Konflikt zwischen dieser linksliberal oder demokratisch genannten Gruppe und der gemäßigten Mehrheit der Liberalen kam es schließlich in der Revolution 1848/49.

Mit der Erhebung gegen Napoleon und den Beschlüssen des Wiener Kongresses war zu der Forderung nach individueller Selbstbestimmung auch der Wunsch nach nationaler Selbstbestimmung gekommen. So wie in Frankreich seit 1789 Staat und Nation eine Einheit waren, sollte nach Vorstellung der nationalen Bewegung auch ein gesamtdeutscher Staat die deutsche Nation repräsentieren. Damit stellte der Nationalismus grundsätzlich die bestehenden Herrschaftsverhältnisse infrage. Zum einen zielte die Forderung nach staatlicher Einheit auf die Auflösung des Deutschen Bundes und Zusammenführung der bestehenden Länder zu einem Nationalstaat, womit multinationalen Staaten wie Österreich das Existenzrecht abgesprochen wurde. Zum anderen stellte die nationale Weltanschauung die Idee der Volkssouveränität über die Souveränität der Fürsten, womit das Prinzip der Legitimität („von Gottes Gnaden") zurückgewiesen wurde. Nicht ohne Grund sah der österreichische Staatskanzler Metternich in der nationalen Bewegung die größte Bedrohung der Wiener Ordnung von 1815.

Die Ideen von Liberalismus und Nationalismus fanden vor allem in bürgerlichen Kreisen großen Anklang, wobei es im Detail gewisse Unterschiede gab. Waren die Träger der liberalen Ideen vor allem städtische Bildungs- (Richter, Anwälte, Lehrer, Journalisten, Pfarrer) und Besitzbürger (Fabrikanten, Kaufleute, Bankiers), so erlebte der nationale Gedanke gerade in den Jahren nach 1815 in jugendlich-universitären Kreisen (Turnerschaften, Burschenschaften, Professoren) große Verbreitung. Darüber hinaus entwickelten die Ideen von Einheit und Freiheit eine große Anziehungskraft auch für Schichten jenseits des Bürgertums. Mit der immer größer werdenden Unzufriedenheit der Bevölkerung angesichts der wirtschaftlichen und sozialen Verhältnisse wuchs auch die Bereitschaft von Handwerkern, Kleinhändlern und Dienstboten in den Städten sowie von Bauern und Tagelöhnern auf dem Land, die national-liberale Bewegung in ihrer Auseinandersetzung mit den herrschenden Kräften zu unterstützen.

1817 bis 1820 – politischer Protest und obrigkeitsstaatliche Reaktion in Deutschland

Einen ersten Höhepunkt der oppositionellen Bewegung stellte das Wartburgfest 1817 dar. Zur Erinnerung an die 300 Jahre zurückliegende Reformation und aus Anlass des vierten Jahrestags der Völkerschlacht bei Leipzig trafen sich am 18. und 19. Oktober 1817 etwa 500 Teilnehmer aus elf deutschen Universitäten auf der Wartburg bei Eisenach. In allen Festreden wurden die Ergebnisse des Wiener Kongresses und die restaurative Politik der Fürsten kritisiert und wurde zu Einheit und Freiheit aufgerufen. In Anlehnung an die Verbrennung der päpstlichen Bannandrohungsbulle durch Luther warfen einige Studenten Symbole der Obrigkeit und etliche als restaurativ angesehene und als undeutsch bezeichnete Schriften ins Feuer. Insbesondere diese Aktion, die zwar nicht Teil des eigentlichen Festprogrammes gewesen war, in der Öffentlichkeit jedoch große Resonanz zeigte, lenkte die Aufmerksamkeit der Regierungen auf die oppositionelle Bewegung.

Als 1819 der konservative Dichter August von Kotzebue durch den Studenten Karl Ludwig Sand ermordet wurde, bot sich Metternich der Anlass, im Deutschen Bund seine reaktionäre Politik durchzusetzen. Von Kotzebue, dessen Schriften auf dem Wartburgfest verbrannt worden waren, galt als Gegner der nationalen Bewegung, hatte er sich doch vielfach kritisch über die „Allgemeine Deutsche Burschenschaft" geäußert. Diese 1818 gegründete erste gesamtdeutsche Studentenvereinigung hatte bewusst, um ihre patriotische Gesinnung und ihren Einheitsanspruch zu demonstrieren, als Bundesfarben die Farben Schwarz-Rot-Gold des ehemaligen lützowschen Freikorps gewählt.

Auf Betreiben Metternichs verabschiedeten die Mitglieder des Deutschen Bundes 1819 die Karlsbader Beschlüsse. Mit ihnen setzten in den deutschen Ländern eine allgemeine Pressezensur, die Überwachung der Universitäten und die sogenannte Demagogenverfolgung, d.h. die Unterdrückung der liberalen und nationalen Opposition, ein. Vor allem gegen Universitätsprofessoren, Studentenführer, Journalisten und Schriftsteller richteten sich diese Maßnahmen, die häufig Geldbußen, aber auch Amtsenthebungen und Festungshaft sowie in wenigen Fällen sogar Todesurteile zur Folge hatten. Die Allgemeine Deutsche Burschenschaft wurde verboten, blieb aber im Geheimen aktiv. Viele bekannte Persönlichkeiten waren von Verfolgung und Inhaftierung betroffen, wie etwa der Dichter August Heinrich Hoffmann von Fallersleben oder der Gründer der Turnbewegung, Friedrich Ludwig Jahn.

Außerdem erhob der Deutsche Bund in der Wiener Schlussakte von 1820 das monarchische Prinzip zum obersten Verfassungsgrundsatz, womit die „gesamte Staatsgewalt" zukünftig „in dem Oberhaupt des Staates", also dem Monarchen, vereinigt bleiben sollte. Zwar wurden damit die fortschrittlichen Verfassungen der süddeutschen Staaten nicht infrage gestellt, einer weiteren Liberalisierung dieser Konstitutionen war damit aber ein Riegel vorgeschoben. In einigen Staaten, insbesondere den beiden größten, Österreich und Preußen, verweigerten die Monarchen auch weiterhin die Gewährung einer Verfassung, womit sie offen gegen Art. XIII der Deutschen Bundesakte verstießen. Erst im Zuge der Revolution 1848 erhielten auch diese Länder Konstitutionen.

Liberale und nationale Bewegungen außerhalb Deutschlands

Politischer Protest und oppositionelle Bewegungen waren nicht nur auf Deutschland beschränkt. Überall in Europa, sogar in Übersee nahmen die Konflikte zwischen den nach Selbstbestimmung strebenden gesellschaftlichen Gruppen und den auf politische Stabilität bedachten Machthabern zu. Schon mit Beginn der 1820er-Jahre kam es auf der Iberischen Halbinsel zum offenen Kampf zwischen liberalen Gruppen und restaurativen Kräften. Während Portugal 1821 mit Unterstützung Großbritanniens eine konstitutionelle Monarchie mit liberaler Verfassung erhielt, siegten in Spanien 1822 die restaurativen Kräfte, nachdem Frankreich im Auftrag der Heiligen Allianz militärisch interveniert hatte.
Besonders heftig verliefen dort die Konflikte, wo sich liberale Reformbestrebungen mit nationalstaatlichen Forderungen verbanden. Dies betraf in Europa neben Deutschland vor allem Griechenland, Italien und Polen, außerhalb Europas in erster Linie Südamerika.

Südamerika: Im Verlauf des 18. Jahrhunderts nahmen die Konflikte zwischen der Kolonialmacht Spanien und seinen südamerikanischen Kolonien zu. Ursache hierfür waren zum einen wirtschaftliche Probleme, die vor allem eine Folge der ständig steigenden Steuerlast waren. Zum andern verschärften sich in den amerikanischen Territorien die sozialen Spannungen zwischen den Peninsulares, den im Mutterland geborenen Adligen, die in den Kolonien hohe politische Positionen bekleideten, und den Kreolen, den in Amerika geborenen Nachkommen europäischer Auswanderer, denen politische Rechte weitgehend vorenthalten wurden. Auslöser für den südamerikanischen Unabhängigkeitskampf war die nationale Erhebung in Spanien gegen die napoleonische Fremdherrschaft. Wie im Mutterland bildeten sich auch in den spanischen Kolonien Widerstandsgruppen, sogenannte Juntas, die den Kampf gegen das napoleonische Spanien organisierten. Zentrale Figur im Kampf gegen die Kolonialmacht war Simón Bolívar. Geprägt von den Ideen der Aufklärung und inspiriert vom Unabhängigkeitskampf der USA und der Revolution in Frankreich, strebte Bolívar die Freiheit von kolonialer Bevormundung und eine Einheit der spanischen Kolonien Amerikas an. Nach zahlreichen militärischen Rückschlägen gelang 1817 einer Guerilla-Armee, die auch von europäischen Freiwilligen Unterstützung erhielt, die Vertreibung der Spanier aus Venezuela und die Errichtung einer Revolutionsregierung mit Bolívar als Präsidenten. Seiner Vision von einem vereinigten spanischen Amerika folgend, setzte Bolívar den Kampf gegen die Kolonialherrschaft fort, bis 1825 mit der Gründung der nach ihm benannten Republik Bolivien auch die letzte südamerikanische Kolonie ihre Unabhängigkeit erlangt hatte. Trotz seiner Popularität gelang es ihm jedoch nicht, die ehemaligen Kolonien staatlich zu einen. Bis Ende der 1830er-Jahre bildete sich weitgehend die heutige Staatenwelt Lateinamerikas heraus.

Italien: Die italienischen Staaten hatten, ähnlich wie die linksrheinischen Gebiete Deutschlands, unter Napoleon umfassende Reformen in Staat und Gesellschaft erlebt. Entsprechend groß war daher die Kritik vor allem bürgerlicher Kreise an der restaurativen Politik nach 1814, infolge derer viele dieser Errungenschaften zurückgenommen und das alte monarchische System wieder eingeführt wurden. Gesteigert wurde diese Unzufriedenheit durch die Tatsache, dass die Fürsten auf dem Wiener Kongress die nationalen Erwartungen vieler Italiener missachteten und Italien vornehmlich als territoriale Verhandlungsmasse behandelten. Während den spanischen Bourbonen Neapel und Sizilien (ab 1816 Königreich beider Sizilien genannt) zuerkannt wurden, erhielten die österreichischen Habsburger die Vorherrschaft über die meisten mittel- und oberitalienischen Fürstentümer. Der Widerstand, der sich gegen diese Fremdherrschaft in Italien richtete, mündete in die Gründung verschiedener national gesinnter Geheimgesellschaften, wie der Carboneria, die seit 1820 Aufstände in Neapel und Sardinien-Piemont initiierte. Ähnlich wie in Spanien intervenierte die Heilige Allianz zugunsten der reaktionären Kräfte, indem sie Österreich mit der Niederschlagung der Unabhängigkeitsbewegung beauftragte. In den 1830er- und 1840er-Jahren brachen jedoch in rascher Folge weitere nationale Aufstände aus, die den Wunsch nach Einheit in der italienischen Öffentlichkeit immer populärer werden ließen.

Griechenland: Die Griechen, die seit Jahrhunderten zum Osmanischen Reich gehörten, erlebten Ende des 18. Jahrhunderts eine Woge des Nationalgefühls, welches stark von der Französischen Revolution beeinflusst war. Mit der Unabhängigkeitserklärung 1821 begann der griechische Befreiungskampf, der in Europa, gerade auch in dem gleichfalls christlich-orthodox geprägten Russland, auf große Sympathie stieß. In der ersten Phase des Kampfes 1821 bis 1824 verweigerte jedoch der russische Zar Alexander I. noch eine Unterstützung des griechischen Aufstandes, stellte doch dieser die bestehende Herrschaftsordnung infrage. Ab 1826 erwiesen sich die machtpolitischen Interessen Russlands jedoch als mächtiger als das Prinzip der Legitimität. Zusammen mit Großbritannien und Frankreich griff Russland zugunsten der griechischen Nationalbewegung ein. Im Frieden von Adrianopel 1829 wurde nicht nur die Gründung eines griechischen Nationalstaates anerkannt, sondern Russland auch die freie Durchfahrt durch den Bosporus sowie die Besetzung von osmanischen Gebieten an der Schwarzmeerküste zugestanden.

Polen: Die Griechenlandpolitik Russlands, die ein klarer Bruch mit den Vereinbarungen der Heiligen Allianz bedeutete, weckte in Polen Hoffnung auf eine eigene nationale Unabhängigkeit. 1815 war auf dem Wiener Kongress der größte Teil des ehemaligen Herzogtums Warschau zum Königreich Polen, dem sogenannten Kongresspolen, zusammengefasst worden. König wurde in Personalunion der russische Zar Alexander I. Auch wenn mit dieser vierten polnischen Teilung – weitere Gebiete erhielten Preußen und Österreich – dem Wunsch vieler Polen nach Schaffung eines unabhängigen Nationalstaates eine klare Absage erteilt worden war, so konnten sie doch hoffen, in diesem neu geschaffenen Staat ein kulturelles und politisches Zentrum zu haben. Kongresspolen erhielt eine eigene Verfassung mit eigener polnischer Regierung, Verwaltung und Armee; außerdem wurden bestimmte Grundrechte, wie Meinungsfreiheit, Religionsfreiheit und Schutz vor willkürlicher Verhaftung, garantiert. Trotz dieser liberalen Ansätze und dem Eid, den der Zar auf diese Konstitution leistete, sah sich Alexander als Gewährer der Verfassung nicht an diese gebunden. Hier blieb der Zar weiterhin einem absolutis-

2 Eugène Delacroix: „Die Freiheit führt das Volk", 1830; Paris, Louvre
Das Gemälde zeigt eine fiktive Momentaufnahme vom 28. Juli 1830, dem zweiten Tag der Julirevolution in Paris, an dem die Aufständischen das Zentrum von Paris einnehmen konnten. Der Künstler hat sich in der vornehm gekleideten, Zylinder tragenden Figur dargestellt, obwohl er an den Unruhen nicht teilgenommen hatte. Delacroix' Bild ist das bekannteste Revolutionsgemälde des 19. Jahrhunderts.

tischen Herrschaftsverständnis verhaftet. Hinzu kam ein ausgeprägtes Misstrauen Alexanders und seines ab 1825 herrschenden Nachfolgers Nikolaus I. gegen jede national-liberale Aktivität, die sie rücksichtslos unterdrücken ließen. Die Spannungen zwischen den revolutionären Bestrebungen in Polen und dem russischen Zaren nahmen daher in den 1820er-Jahren immer mehr zu und eskalierten schließlich 1830, als Folge der Julirevolution in Frankreich, in einem Aufstand.

Die Julirevolution in Frankreich und ihre Wirkung in Europa

Mit den Beschlüssen auf dem Wiener Kongress verfolgten die europäischen Herrscher zwei Absichten. Zum einen sollten, soweit dies möglich war, die vorrevolutionären Herrschaftsordnungen wiederhergestellt werden. Zum andern wollte man – und das war das Hauptziel – weiteren unkontrollierten politischen Wandel verhindern. Da dies den europäischen Monarchen in den 1820er-Jahren weitgehend gelang, wuchs das Spannungsverhältnis zwischen den auf politische Selbstbestimmung drängenden Gruppen und den Mächten, die das traditionell legitimierte Herrschaftssystem verteidigten. Der Konflikt zwischen den Kräften der „Bewegung" und den Kräften der „Beharrung" erlebte einen ersten Höhepunkt mit der französischen Julirevolution 1830 und der von ihr ausgelösten Revolutionswelle, die die meisten europäischen Länder erfasste. Belgien, Polen, Deutschland, Schweiz, Italien, Spanien, Portugal und selbst Großbritannien waren davon betroffen. Die Reaktion der Großmächte war dabei unterschiedlich. Während Frankreich und Großbritannien mit politischen Reformen reagierten und zugunsten oppositioneller Kräfte in Spanien, Portugal und Belgien intervenierten, war die Politik der drei Ostmächte – Russland, Österreich und Preußen – weiterhin darauf gerichtet, den politischen Status quo mit allen zur Verfügung stehenden Mitteln zu bewahren. Damit zerfiel die Pentarchie, das System der fünf europäischen Großmächte, das seit 1815 weitgehend als Einheit aufgetreten war, in ein westliches, liberal-fortschrittlich geprägtes Lager und eine östliche, konservativ-reaktionäre Staatengruppe.

Frankreich: Nach dem Sturz Napoleons hatte Frankreich eine politische Restauration erlebt. 1814 oktroyierte Ludwig XVIII. als Verfassung die Charte constitutionelle, eine konstitutionelle Monarchie mit einem starken Monarchen an der Spitze. Der König war bei der Ernennung und Entlassung der Minister frei, er verfügte über Armee und Verwaltung und entschied allein über Krieg und Frieden. Das Parlament, das über das Recht zur Bewilligung von Steuern und Gesetzen verfügte und dem die Minister gegenüber verantwortlich waren, bestand nach britischem Vorbild aus zwei Kammern: Der adligen Pairskammer, deren Sitze erblich waren, stand die nach hohem Zensus gewählte Deputiertenkammer gegenüber. Die Charte von 1814 garantierte allerdings auch wesentliche Grundrechte wie die Gleichheit vor dem Gesetz und die Meinungs- und Pressefreiheit, womit einige Errungenschaften der Revolution bewahrt blieben.
Hauptursache für die Julirevolution im Jahre 1830 war die reaktionäre Politik Ludwigs XVIII. und seines Nachfolgers Karl X. Statt den Ausgleich zwischen den verschiedenen politischen Lagern zu fördern, bevorzugten sie Adel und Klerus, beides erklärte Feinde liberaler und nationaler Ideen. Auf besondere Kritik in der Öffentlichkeit stießen in diesem Zusammenhang Maßnahmen, nach denen Adlige und Kleriker Entschädigungen für Enteignungen während der Revolutionszeit erhielten. Unter Karl X. verstärkte sich diese rückwärts gewandte Politik, als die Pressefreiheit eingeschränkt und die Nationalgarde, besonderes Symbol der Revolution von 1789, aufgelöst wurde.
Anlass für die Ereignisse im Juli 1830 war ein offener Verfassungsbruch durch den König. Angesichts eines zunehmend wachsenden Widerstandes gegen seine

Politik löste Karl X. die Deputiertenkammer auf und ordnete Neuwahlen an. Als sich bei den Wahlen eine weitere Stärkung der Opposition abzeichnete, erließ Karl die sogenannten Juliordonnanzen, mit denen die Pressefreiheit weitgehend aufgehoben, der Wahlzensus weiter erhöht und das Ergebnis der Neuwahlen für ungültig erklärt wurden.
Am 27. Juli brachen in Paris Barrikadenkämpfe aus, drei Tage später befand sich die Stadt in den Händen der Aufständischen und Karl musste abdanken. Der Versuch unterprivilegierter Schichten, eine republikanische Staatsform nach demokratischen Prinzipien zu errichten, scheiterte jedoch am Widerstand gemäßigter, insbesondere großbürgerlicher Gruppen, die sowohl eine Radikalisierung der Revolution als auch eine mögliche Intervention der Heiligen Allianz fürchteten. Auf Grundlage der Charte von 1814 etablierte man eine konstitutionelle Monarchie, in der das Parlament durch Einführung eines Kontrollrechts gegenüber den Ministern und eines Initiativrechts bei der Gesetzgebung gestärkt wurde. Zum Oberhaupt dieser Julimonarchie, die bis zur Februarrevolution 1848 Bestand hatte, wurde Louis Philippe aus dem Hause Orléans gewählt.

3 Horace Vernet: Der polnische Prometheus, 1831, Paris, Société historique et littéraire polonaise
Der französische Maler verknüpft in diesem Bild die antike Sage von Prometheus mit den Ereignissen in Polen 1831. Prometheus, der gegen das ausdrückliche Verbot des Gottvaters Zeus den Menschen das Feuer gebracht hat, wird zur Strafe in Fesseln gelegt. Jede Nacht frisst ein Adler die am nächsten Tag wieder nachwachsende Leber. Schließlich wird Prometheus durch Herakles von seinen Qualen erlöst und von den Fesseln befreit.

Belgien: Auf dem Wiener Kongress hatten die Fürsten das Königreich der Niederlande gegründet, indem sie die südlichen, ehemals habsburgischen Niederlande und das frühere Bistum Lüttich mit den nördlichen Niederlanden vereinigten. Trotz ihrer ähnlichen Geschichte wiesen die einzelnen Landesteile große religiöse und sprachliche Verschiedenheiten auf. Während die Holländisch sprechenden Flamen im Norden überwiegend protestantischen Kirchen angehörten, waren die im Süden lebenden frankofonen Wallonen fast ausschließlich Katholiken. Der aus dem nordniederländischen Hause Oranien-Nassau stammende König Willem I. betrieb eine rigide Einigungspolitik, die den Süden trotz formeller Gleichberechtigung offen diskriminierte. Sprachliche „Hollandisierung" des Südens, Bevorzugung von Flamen bei der Besetzung hoher Positionen in Armee und Verwaltung und der Entzug der Lehrerlaubnis in Gymnasien für den katholischen Klerus waren Maßnahmen, die die Entfremdung zwischen Nord und Süd wachsen und in den südlichen Niederlanden immer mehr den Wunsch nach staatlicher Unabhängigkeit aufkommen ließen. Die kulturellen Konflikte wurden darüber hinaus noch verschärft durch wirtschaftliche Probleme des Südens. Dessen Textilgewerbe, das in den 1820er-Jahren rasant gewachsen war, musste sich immer mehr der englischen Konkurrenz erwehren, deren Produkte industriell hergestellt und damit billiger waren.
Nach der Julirevolution in Frankreich brach am 25. August in Brüssel eine offene Rebellion aus. Den Aufständischen, einer Koalition aus Arbeitern, Liberalen und Katholiken, gelang es, die Flamen aus der Stadt zu vertreiben. Nachdem die Rückeroberung durch niederländische Truppen im September gescheitert war, proklamierte am 4. Oktober 1830 eine provisorische Regierung die Unabhängigkeit der südlichen Niederlande.
Auf der Konferenz von London Ende 1830 billigten die fünf Großmächte die staatliche Teilung der süd- und nordniederländischen Gebiete und die Gründung eines Königreichs Belgien, obwohl damit die Ordnung des Wiener Kongresses infrage gestellt wurde. Trotz großer Vorbehalte blieb den konservativen Mächten Österreich, Preußen und Russland kaum eine Wahl. Zum einen hatte man Griechenland wenige Jahre zuvor in ähnlicher Situation die Unabhängigkeit zugestanden, zum anderen hatten Frankreich und Großbritannien im Vorfeld der Konferenz Fakten geschaffen, indem sie die provisorische Regierung Belgiens sofort anerkannt hatten.
1831 gab sich Belgien eine für damalige Verhältnisse sehr fortschrittliche Verfassung. Auch wenn Belgien der Form nach eine konstitutionelle Monarchie war, so war die Macht des Königs tatsächlich erheblich eingeschränkt. Mit der Verfassung, auf der er den Eid ablegte, erkannte der König der Belgier, Leopold I., die Volkssouveränität, strikte Gewaltenteilung und einen umfangreichen Grundrechtskatalog an. König und Minister bildeten zusammen die ausführende Gewalt, deren Handeln von einem unabhängigen Gericht auf seine Verfassungsmäßigkeit hin geprüft wurde. Die belgische Konstitution von 1831 gilt als die liberalste ihrer Zeit; sie zeigt schon Ansätze einer parlamentarischen Monarchie und diente als Vorbild für verschiedene Verfassungen in den folgenden Jahren und Jahrzehnten.
Die Beispiele in Frankreich und Belgien hatten deutlich gemacht, dass die Wiener Staatenordnung nicht dauerhaft Bestand haben musste und dass tiefgreifende Veränderungen in liberaler und nationaler Hinsicht möglich waren. Es war daher nur folgerichtig, dass weiter östlich, in Deutschland und Polen, gleichfalls die Kräfte der „Veränderung" aktiv wurden.

Deutschland: Zunächst löste die Julirevolution eine zweite Welle der Verfassungsgebungen in Deutschland aus. In einigen Staaten Nord- und Mitteldeutschlands kam es zu politischen Protestbewegungen, die meist von sozialen Unruhen verstärkt wurden. Während Bürger und zum Teil auch Adlige für politische Reformen eintraten, forderten Handwerker, Arbeiter und vielerorts auch die bäuerliche Bevölkerung eine wirtschaftliche und soziale Verbesserung ihrer Lage. Angesichts der Breite und Vehemenz dieser revolutionären Bewegungen – beispielhaft erwähnt sei nur die Erstürmung und Inbrandsetzung des Braunschweiger Schlosses im September 1830 – sahen sich die Herrschenden zu verfassungsrechtlichen Zugeständnissen gezwungen. Damit traten vier weitere Staaten, nämlich das Herzogtum Braunschweig, das Kurfürstentum Hessen und die Königreiche Sachsen und Hannover, in den Kreis der Verfassungsstaaten ein – ein Schritt, der der liberalen Opposition in Deutschland und Polen weiteren Auftrieb gab.

Polen: Die Nachrichten aus Frankreich, Belgien und Deutschland lösten im November 1830 eine nationale Erhebung in Warschau aus. Aufgrund der zögerlichen russischen Reaktion fühlte sich der polnische Reichstag (Sejm) ermutigt, die Dynastie der Romanows und damit den Zaren offiziell als abgesetzt zu erklären. Auf diesen Affront hin rückten starke russische Armeeverbände in Polen ein, die den Aufstand gewaltsam niederschlugen. Anfang September 1831 nahmen die russischen Truppen das durch Kämpfe halb zerstörte Warschau ein und richteten dort ein Massaker an. Die Führer der Erhebung wurden hingerichtet, unzählige Polen wurden nach Sibirien deportiert, die Güter der am Aufstand beteiligten Adligen wurden konfisziert. Zwar verkündete der alte und neue Herrscher im November 1831 eine wenn auch erheblich eingeschränkte Amnestie; doch zugleich wurden die Verfassung und der autonome Status des Königreiches abgeschafft und die polnische Armee aufgelöst. Angesichts der ständigen Überwachung des öffentlichen und privaten Lebens, der polizeilichen und militärischen Schikanen und der rigorosen Russifizierungspolitik blieb vielen Polen nur der Gang ins Exil. Ihr Weg führte sie in den Westen, über Deutschland nach Frankreich, England und in die USA.

Hambacher Fest

Über 50 000 Polen zogen nach der gescheiterten Erhebung Richtung Westen. Seit Januar 1832 erschienen die ersten Flüchtlinge auch in der Pfalz, dem bayerischen Rheinkreis, wo ihr Auftreten die ohnehin politisch angespannte Stimmung zusätzlich verschärfte. Gezielt nahmen oppositionelle Kreise die Gelegenheit wahr, um mit dem Eintreten für ein unabhängiges Polen auch für eine „Wiedergeburt" Deutschlands zu werben. Höhepunkt dieses Protests war das Hambacher Fest, die bis dahin größte Demonstration der Einheits- und Freiheitsbewegung. Die für damalige Verhältnisse enorme Zahl von etwa 25 000 bis 30 000 Teilnehmern war allerdings nicht nur das Ergebnis eines wachsenden Unmuts über die politischen Verhältnisse in Deutschland und Europa. Es waren auch die besonderen regionalen Probleme des bayerischen Rheinkreises, welche die pfälzische Bevölkerung gegen die Obrigkeit protestieren ließ.
Die Insellage des bayerischen Rheinkreises, den keine gemeinsame Grenze mit dem übrigen bayerischen Staatsgebiet verband, brachte erhebliche wirtschaftliche Nachteile mit sich. Hatten die Pfälzer unter Napoleon als Teil des Kaiserreiches Frankreich und durch die Nähe zu den Rheinbundstaaten noch weitgehend ungehindert ihre Waren in einem großen Wirtschaftsraum absetzen können, sahen sie sich nach 1815 von verschiedenen Zollschranken umgeben, die sogar den Handel mit dem bayerischen Mutterland behinderten. Besonders gravierend wirkte sich ab 1828 der bayerisch-württembergische

4 **„Hambacher Tuch"** von 1833; Neustadt an der Weinstraße, Heimatmuseum
Dargestellt sind der Zug auf das Hambacher Schloss und einige Beteiligte, darunter links außen Johann Georg August Wirth und rechts außen Philipp Jakob Siebenpfeiffer.

Zollverband aus, der zwar den beiden süddeutschen Staaten die gegenseitige Zollfreiheit brachte, die Pfalz aber mit einer Zollgrenze umgab. Hinzu kamen weitere wirtschaftliche Probleme. Die rigide Forstpolitik der bayerischen Regierung unterband die bisher übliche landwirtschaftliche Nutzung des Waldes, wodurch die Preise für Futtermittel, z. B. Eicheln für die Schweinemast, und Brennholz – was vor allem die gesellschaftlichen Unterschichten traf – stark anstiegen. Die Missernten des Jahres 1831, die an manchen Orten zu einer Verdoppelung des Brotpreises führten, verschärften diese wirtschaftlichen und sozialen Probleme noch weiter.

In diese angespannte Lage platzten ab August 1830 erste Berichte von den Ereignissen in Frankreich. Sie riefen ein lebhaftes Echo in der oppositionellen Publizistik, die gerade in der Pfalz aufgrund der verfassungsrechtlich garantierten „französischen" Freiheiten stark vertreten war. Zu ihr gehörte die Zeitschrift „Rheinbayern", die seit Oktober 1830 auch von dem im Saarpfälzischen gelegenen Ort Homburg eingesetzten Landkommissär Philipp Jakob Siebenpfeiffer herausgegeben wurde. Siebenpfeiffer hatte während seines Studiums in Freiburg intensiven Kontakt mit liberalen Kreisen gehabt, von denen seine politische Haltung nachhaltig geprägt war. Als Leiter des Homburger Landkommissariats hatte er sich seit 1818 nachhaltig um die Verbesserung der wirtschaftlichen und sozialen Verhältnisse in seinem Zuständigkeitsbereich bemüht. Dabei scheute er auch nicht davor zurück, gegenüber dem König von Bayern auf Reformen im Bereich der Zoll- und Forstpolitik zu drängen.

Zu Beginn des Jahres 1831 reagierte König Ludwig I. auf die immer offeneren Forderungen nach politischen Veränderungen. Eine Verordnung stellte sämtliche politischen Schriften unter Zensur, was in der Pfalz allein 15 Zeitungen betraf. Entsprechend groß war der Protest, gerade auch der pfälzischen Abgeordneten im bayerischen Landtag, gegen diese Aufhebung der Pressefreiheit. Als der König seine Zensurverordnung schließlich im Sommer zurücknahm, bestärkte dies die liberalen Kreise in ihrer kämpferischen Haltung. Zusammen mit dem fränkischen Journalisten Georg August Wirth und dem bayerischen Landtagsabgeordneten Friedrich Schüler gründete Siebenpfeiffer im Januar 1832 den „Press- und Vaterlandsverein", der sich die „Unterstützung der freien Presse" und „die Wiedergeburt Deutschlands in einem freiheitlichen Europa" zum Ziel setzte. Innerhalb von wenigen Monaten gelang es, diesen Verein zur wichtigsten Plattform der liberalen Opposition in der Pfalz und den angrenzenden Gebieten werden zu lassen. Mit über 5000 Mitgliedern in mehr als 116 Komitees (Ortsgruppen) kann er als Vorläufer späterer Parteiorganisationen bezeichnet werden. Um dem wachsenden Druck der Behörden auszuweichen, die den Pressverein zu verbieten und seine führenden Köpfe gerichtlich zu belangen versuchten, nutzten Siebenpfeiffer und Wirth Festveranstaltungen als alternative Form des Protestes. Im Rahmen von Festessen oder ähnlichen Feiern konnten Oppositionelle, wie etwa liberale Abgeordnete oder polnische Emigranten, ihre Kritik an den politischen Verhältnissen äußern und ihre liberalen und nationalen Forderungen propagieren. Gegen diese neuen Formen der Unbotmäßigkeit war die Obrigkeit weitgehend machtlos.

Anfang April veröffentlichten Siebenpfeiffer und Wirth eine Einladung zu einem Volksfest auf dem Hambacher Schlossberg, der am 27. Mai 1832 über 25000 Personen folgten. Die Menschen stammten überwiegend aus der Pfalz und aus benachbarten Teilen Deutschlands, es waren aber auch Gäste aus Frankreich und Polen anwesend. Fast alle Schichten und Gruppen der Gesellschaft waren vertreten: Männer und Frauen, Bürger, Handwerker, Tagelöhner, Abgeordnete, Studenten, Bauern und Winzer.

In den etwa 20 Beiträgen forderten die Redner die deutsche Einheit und eine freiheitliche Verfassung. Dazu gehörten Volkssouveränität und die Garantie von Grundrechten mit rechtlicher Gleichheit. Die Vorstellung einer materiellen und sozialen Gleichheit war den Festrednern dagegen fremd trotz der wirtschaftlichen Schwierigkeiten vieler Festteilnehmer. Zusammen mit den ausländischen Gästen wurde darüber hinaus eine Neuordnung Europas auf Grundlage gleichberechtigter und freier Völker gefordert. Und so endete die Eröffnungsrede Siebenpfeiffers programmatisch: „Vaterland – Volkshoheit – Völkerbund hoch!"

Sosehr über die Ziele weitgehend Einigkeit herrschte, sosehr war man sich über die Wahl der Mittel uneins: Während einige wenige, dem Beispiel Frankreichs folgend, Gewalt als legitim und notwendig ansahen, bevorzugte die Mehrheit friedliche Methoden im Rahmen der rechtlichen Ordnung.

Die Obrigkeit hatte in der Wahl ihrer Mittel dagegen weniger Skrupel. König Ludwig I. beorderte ein Drittel seiner aktiven Truppen in die Pfalz, die mit außerordentlichen Vollmachten ausgestattet gegen die liberale Opposition und ihre Anhänger vorgingen. Den führenden Köpfen der Bewegung wurde, sofern sie sich nicht ihrer Verhaftung durch Flucht entzogen hatten, der Prozess gemacht. Siebenpfeiffer, Wirth und andere Organisatoren des Hambacher Festes wurden unter dem Vorwurf angeklagt, sie hätten die Staatsregierung zu stürzen und eine Verfassung für ein geeintes Deutschland einzuführen versucht. Da sie jedoch 1833 durch die Geschworenen freigesprochen wurden, verurteilte man sie wegen Beleidigung in- und ausländischer Beamter zu mehrjähriger Haft.

Auch im übrigen deutschen Bundesgebiet reagierte die Obrigkeit nach dem Hambacher Fest vermehrt mit Repressionen. Auf Grundlage der Zehn Artikel, einer rechtlichen Verschärfung der Karlsbader Beschlüsse, wurden Oppositionelle verhaftet, die Versammlungs- und Pressefreiheit weiter eingeschränkt und die Universitäten noch strenger überwacht. Im Juli 1832 verabschiedeten die Regierungen weitere sechs Artikel, die eine einheitliche Auslegung der Länderverfassungen verfügten. Zwar griff der Bund damit – anders als von Österreich und Preußen gewünscht – nicht unmittelbar in die Verfassungshoheit der Länder ein. Doch mit diesen Artikeln wurden zentrale Parlamentsrechte, insbesondere das Petitionsrecht, das Budgetrecht und das Recht der freien Rede, so eingeschränkt, dass eine „bundeswidrige" Politik der Kammern kaum mehr möglich war. Für die liberale Bewegung hatte dies tiefgreifende Wirkung. Veränderung und Fortschritt waren nur noch im nationalen Rahmen, also nur über eine gesamtdeutsche Verfassung möglich. Freiheit, so schien es, gab es nur noch auf dem Weg der Einheit.

Angesichts der reaktionären Maßnahmen resignierten viele Oppositionelle und zogen sich in ein apolitisches, ein „biedermeierliches" Leben zurück. Oder sie verließen, wie die aus der Haft geflohenen Siebenpfeiffer und Wirth, das Land, um in freiere Staaten wie Frankreich, Belgien, die Schweiz oder in die USA auszuwandern.

5 „Der Denkerclub“, anonyme Karikatur, um 1820

6 Paul Achatius Pfizer über den Liberalismus (1832)

Paul Pfizer, Assessor am Gerichtshof in Tübingen, wurde 1831 aus dem Staatsdienst entlassen, nachdem er in einer Schrift liberale Reformen und die nationale Einigung unter Führung Preußens gefordert hatte. Im gleichen Jahr wurde er Mitglied im württembergischen Landtag, wo er einer der führenden Köpfe der liberalen Opposition wurde.

Der Liberalismus ist es, der den erwachten Geist der Freiheit auf vernünftige Prinzipien zurück- und seinem höhern Ziel entgegenführt oder, wo er noch schlummert, durch bildende Institutionen und durch Aufklärung des Volks über seine Rechte und Interessen ihn zu wecken sucht. Er will den trüb gewordenen Strom der Menschensatzungen von seinem Schlamm säubern und das verdorbene, verfälschte Recht aus seinem ewig frischen, immer reinen Urquell, der Vernunft, erneuern. Eben deshalb bleibt auch sein letztes Ziel, auf dem Wege naturgemäßer Entwicklung des Volkslebens die Stufe zu erreichen, auf welcher die höchste und die gleichste Freiheit aller möglich ist. Welcher Grad von Freiheit und von Gleichheit aber möglich sei, ist nach der Verschiedenheit des Nationalcharakters, der Kulturperiode und der übrigen Momente des Volkslebens sehr verschieden. Dieselben Institutionen, welche bei einem gebildeten Volke die Schutzwehr aller Freiheit und die Lebensbedingungen des Fortschritts sind, Pressfreiheit, Volksvertretung, Schwurgerichte, Nationalbewaffnung, können bei einem ungebildeten, noch auf der Kindheitsstufe der Entwickelung stehenden Volke eine Quelle der Zerrüttung und Gesetzlosigkeit, ein Werkzeug der Gewalt und Unterdrückung werden, und von der bloß privatrechtlichen Freiheit und der rein passiven Gleichheit eines von jeder Teilnahme an der Staatsgewalt ausgeschlossenen Volks bis zur demokratischen Selbstregierung liegt eine weite Stufenreihe liberaler Institutionen in der Mitte, von denen der vernünftige Liberalismus keine weder unbedingt verwerfen, noch für die absolut heilbringende erklären wird. […]

Daß unter dem gleichen Rechte und der gleichen Freiheit Aller, welche der Liberalismus fordert, nicht die äußerliche Gleichheit von Besitz und Macht gemeint sein könne, indem Rechtsgleichheit himmelweit verschieden ist von materieller Gleichheit des Besitzes, und die bleibende Durchführung der letzten ohne einen die Freiheit des Verkehrs, des Eigentums und der Verträge vernichtenden Despotismus gar nicht denkbar wäre, – dies wird zwar allmählich von den Gegnern des Liberalismus eben so gut, als von den Liberalen selbst eingesehen. […]

Der Liberalismus behauptet zwar, dass bei der Entscheidung gemeinsamer Angelegenheiten dem Willen der Mehrzahl von Rechtswegen der Vorzug vor dem Willen der Minderzahl gebühre; aber sein oberstes Rechtsprinzip ist nicht unbedingte, willkürliche Herrschaft der Majorität, sondern die möglichgrößte gleiche Freiheit Aller. Für ungerecht erklärt er insbesondere jede Mehrheitsentscheidung, welche die Minderheit gegen ihren Willen nach einem andern Gesetz behandelt, als nach demjenigen, welches die Mehrheit auch für sich als bindend aufstellt, und für unbedingt verwerflich gilt ihm jeder Majoritätsbeschluss, der dem Moralgesetze zuwiderläuft […]

Zit. nach: Georg Künzel (Hrsg.): Paul Achatius Pfizer. Politische Aufsätze und Briefe. Stuttgart 1924, S. 2 f.

7 „Das Lied der Deutschen“ (1841)

August Heinrich Hoffmann von Fallersleben, der aufgrund nationaler Schriften seine Professur in Breslau verloren hatte, schrieb 1841 auf der Insel Helgoland das „Lied der Deutschen“. Die Melodie, die der 1797 von Joseph Haydn komponierten Hymne „Gott erhalte Franz, den Kaiser“ entstammt, machte das Lied populär. 1922 wurde es schließlich durch die Weimarer Republik zur Nationalhymne erklärt, womit man bewusst an die demokratische und liberale Tradition des 19. Jahrhunderts anknüpfte. Nach der nationalsozialistischen Diktatur und dem Zweiten Weltkrieg war das „Lied der Deutschen“ verboten; seit 1952 wird die dritte Strophe als Nationalhymne der Bundesrepublik Deutschland gesungen.

Deutschland, Deutschland über alles,
Über alles in der Welt,
Wenn es stets zu Schutz und Trutze
Brüderlich zusammenhält,
Von der Maas bis an die Memel,
Von der Etsch bis an den Belt –
Deutschland, Deutschland über alles,
Über alles in der Welt!

Deutsche Frauen, deutsche Treue,
Deutscher Wein und deutscher Sang
Sollen in der Welt behalten
Ihren alten schönen Klang,
Uns zu edler Tat begeistern
Unser ganzes Leben lang –
Deutsche Frauen, deutsche Treue,
Deutscher Wein und deutscher Sang!

Einigkeit und Recht und Freiheit
Für das deutsche Vaterland!
Danach lasst uns alle streben
Brüderlich mit Herz und Hand!
Einigkeit und Recht und Freiheit
Sind des Glückes Unterpfand –
Blüh im Glanze dieses Glückes,
Blühe, deutsches Vaterland!

Zit. nach: August Heinrich Hoffmann von Fallersleben: Werke. Auswahl in drei Teilen. Bd. 1, Berlin o. J., S. 274 f.

8 **Wartburgfest 1817**, anonymer Holzstich, um 1880
Aus Anlass des vierten Jahrestages der Völkerschlacht bei Leipzig und des 300-jährigen Jubiläums des Thesenanschlags Martin Luthers trafen sich etwa 500 Studenten und einige Professoren auf der Wartburg bei Eisenach. Bekannt wurde das Fest vor allem durch die Verbrennung verschiedener obrigkeitsstaatlicher Symbole sowie konservativer bzw. als undeutsch geltender Schriften. Verbrannt wurden u. a. ein hessischer Soldatenzopf, eine preußische Ulanenuniform, ein österreichischer Korporalsstock, Christoph Christian von Dabelows Schrift „Über den 13. Artikel der deutschen Bundes-Acte die landständischen Verfassungen betreffend", Karl Ludwig von Hallers Werk „Restauration der Staatswissenschaft", August von Kotzebues „Geschichte des deutschen Reichs" und Franz Daniel Friedrich Wadzecks Schrift „Gegen die Turnkunst".

9 „Nur die Tat kann einen!" – Abschiedsbrief des Attentäters Karl Ludwig Sand (1819)

Der Student Karl Ludwig Sand ermordete am 23. März 1819 den konservativen Dichter August von Kotzebue. Kurze Zeit vorher hatte er an seine Familie diesen Abschiedsbrief geschrieben.

Der Anfang unseres deutschen Lebens wurde in den letzten 20 Jahren, besonders in der heiligen Zeit 1813, mit gottgetrostem Mute begonnen; das väterliche Haus ist von Grund aus erschüttert. – Vorwärts! Lasst es uns wieder aufrichten; neu und schön, einen Tempel Gottes, wie ihn unsre Herzen ersehnen! Nur wenige stemmen sich als ein Damm gegen den Strom der Entwicklung des höheren Menschlichen im deutschen Volke. Warum beugen sich ganze Scharen wieder unter das Joch dieser Argen? Soll uns das erste erwachte Heil wieder ersterben? Viele der ruchlosesten Verführer treiben ungeahndet, bis aufs völlige Verderben unseres Volkes hin, bei uns ihr Spiel. Unter ihnen ist Kotzebue der feinste und boshafteste, das wahre Sprachwerkzeug für alles Schlechte in unserer Zeit, und seine Stimme ist recht geeignet, uns Deutschen allen Trotz und Bitterkeit gegen die ungerechtesten Anmaßungen gar zu benehmen und uns einzuwiegen in den alten faulen Schlummer [...]
Seit ich erkannt habe, welch Hohes in dieser Zeit für unser Volk zu erstreben ist, und seit ich ihn kenne, den falschen, feigen Schurken, ist das für mich, wie für jeden Deutschen, der das Wohl des Ganzen betrachtet, ein strenges *Muss* geworden. Möchte ich durch diese Volksrache alle Regen und Gemeinsinnigen darauf hinverweisen, wo wahre Falschheit und Gewalt droht, und bei Zeiten die Furcht aller und die rüstige Jugend gegen die rechte Spitze kehren, um das gemeinsame Vaterland, Deutschland, den immer noch zerrissenen und entwürdigten Staatenbund aus der nahen großen Gefahr zu erretten, möchte ich Schrecken über die Bösen und Feigen, Mut über die Guten verbreiten! Schrift und Rede wirken nicht, – *nur die Tat kann einen.*

Zit. nach: Carl Ludwig Sand: Dargestellt durch seine Tagebücher und Briefe von einigen seiner Freunde. Altenburg 1821, S. 192–195

10 Die Unabhängigkeitserklärung Venezuelas

Am 5. Juli 1810 verabschiedete der verfassungsgebende Kongress in Caracas folgende Erklärung:

Wir, die Vertreter der Vereinigten Provinzen von Caracas, Cumaná, Barinas, Margarita, Barcelona, Mérida und Trujillo, welche die amerikanische Föderation von Venezuela bilden, auf dem Kongress versammelt und eingedenk des vollen und absoluten Besitzes unserer Rechte, die wir recht- und gesetzmäßig seit dem 19. April 1810[1] [...] zurückgewannen, [...] wollen vor Gebrauch der uns vor mehr als drei Jahrhunderten gewaltsam geraubten, aber durch den Gang der Ereignisse rückerstatteten Rechte vor aller Welt die Gründe klarlegen, die aus jenen Ereignissen herrühren und den freien Gebrauch von unserer Souveränität rechtfertigen. Wir wollen indessen nicht damit anfangen, die Rechte anzuführen, die jedes eroberte Land hat, um seinen früheren Besitzstand und seine Unabhängigkeit wiederzuerlangen. Wir vergessen großmütig die lange Reihe von Übeltaten, Beeinträchtigungen und Vorenthaltungen, die das unheilvolle Eroberungsrecht ohne Unterschied allen Nachkommen der Entdecker, Eroberer und Besiedler dieser Länder zugefügt hat und sie in schlechtere Lage aus demselben Grunde gebracht hat, aus dem sie eigentlich hätten begünstigt werden sollen. Indem wir einen Schleier über die 300 Jahre spanischer Herrschaft in Amerika breiten, werden wir nur die authentischen und notorischen Tatsachen darlegen, die eine Welt von einer anderen haben loslösen müssen und zu Recht losgelöst haben und die durch den Umsturz, die Verwirrung und die Eroberung gekennzeichnet sind, welche die spanische Nation erlitten hat. [...] Da wir unser Glück nicht auf dem Unglück unserer Nächsten aufbauen wollen, betrachten und erklären wir als unsere Freunde, Schicksalsgefährten und Teilhaber unserer Glückseligkeit alle diejenigen, die mit uns durch die Bande des Blutes, der Sprache und Religion vereinigt sind und dieselben Übel in der früheren Herrschaftsordnung erlitten haben. [...]

Zit. nach: Richard Konetzke (Hrsg.): Lateinamerika seit 1492. Stuttgart 1992, S. 51 f.

[1] Am 19. April 1810 wurde der spanische Generalkapitän von einer Ratsversammlung (Junta) von Honoratioren abgesetzt, welche die Regierungsgeschäfte und Verwaltungsaufgaben übernahmen.

11 1000 Bolivares, Banknote Venezuelas, 1998; abgebildet ist auf der Vorderseite Simón Bolívar, auf der Rückseite die Erklärung der Unabhängigkeit Venezuelas.

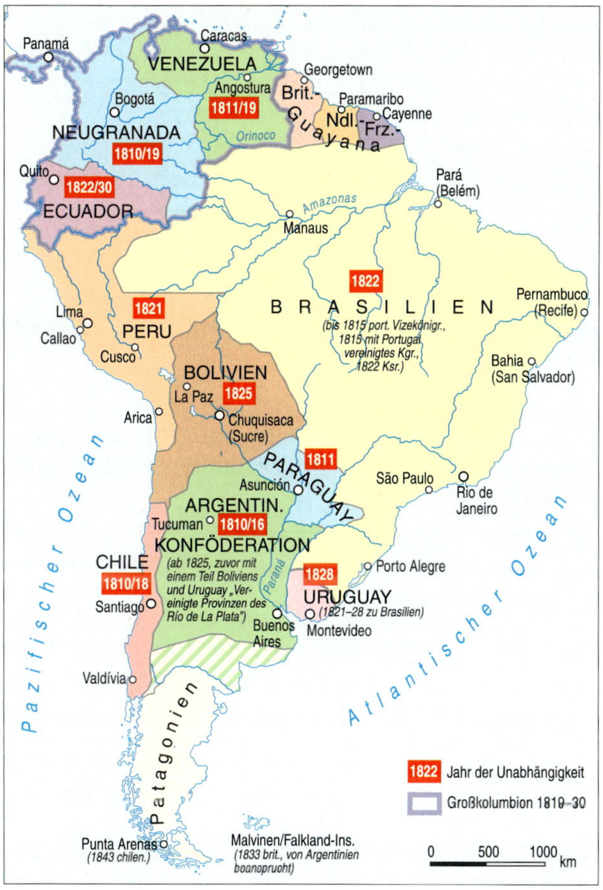

12 Der Unabhängigkeitskampf Südamerikas 1810–1830

13 Die Unabhängigkeitserklärung Griechenlands (1822)

Im Januar 1822 erklärte die griechische Nationalversammlung in Nea Epidavros die nationale Unabhängigkeit Griechenlands und staatliche Lösung vom Osmanischen Reich.

Wir, die Nachkommen der edlen und klugen Völker von Hellas, wir, die wir Zeitgenossen der aufgeklärten und zivilisierten Völker Europas sind, wir, die wir die Vorteile, die jene unter dem Schutz der unüberwindlichen Ägide des Rechts genießen, von Ferne beobachten, können um unserer Selbstachtung willen nicht länger das Joch der ottomanischen Macht ertragen, die uns seit mehr als 400 Jahren bedrückt – einer Macht, die für Gründe taub ist und kein anderes Recht kennt als ihren eigenen Willen, die willkürlich befiehlt und anordnet. Aufgrund dieser fortdauernden Sklaverei haben wir beschlossen, zu den Waffen zu greifen, um uns und unser Land zu rächen für eine schreckensreiche, ihrer Natur nach frevlerische Tyrannis, für eine beispiellose Despotie, unvergleichbar jeder anderen Herrschaft.

Der Krieg, den wir gegen die Türken führen, ist nicht der einer Partei oder das Resultat einer Meuterei, er wird nicht geführt, um Vorteile für irgendeinen einzelnen Teil des griechischen Volkes zu gewinnen; es ist ein nationaler Krieg, ein heiliger Krieg, ein Krieg mit dem Ziel, die Rechte der persönlichen Freiheit, des Eigentums und der Ehre zurückzuerobern [...] Wir bauen auf das Fundament unserer natürlichen Rechte [...]; darum haben wir [...] alle unsere isolierten Kräfte vereint und uns zu einem einzigen bewaffneten Körper formiert, fest entschlossen, unser Ziel zu erreichen, nämlich: uns selbst durch weise Gesetze zu regieren oder alle zusammen unterzugehen. Wir, die Nachkommen der ruhmreichen Völker von Hellas, empfinden es als unwürdig, länger in einem Zustand der Sklaverei zu leben, der vernunftlosen Tieren angemessen ist, nicht aber denkenden Menschen.

Zit. nach: Hans Kohn: Von Machiavelli zu Nehru. Zur Problemgeschichte des Nationalismus. Freiburg i. Br. 1964, S. 117 f.

14 Nikolaus I. und die Polen (1835)

Der Polen-Besuch des russischen Zaren Nikolaus I. im Oktober 1835 war der erste nach dem polnischen Aufstand. Als ihm eine Landesdelegation in Warschau eine Adresse überreichen wollte, weigerte sich der Zar, sie anzunehmen. Darüber hinaus empfing er die Delegation nicht, wie es das Protokoll vorsah, im Audienzsaal, sondern in seinem Wohnzimmer. Mit folgenden Worten begrüßte Nikolaus I. die Delegation:

Ihr habt mich zu sehen gewünscht, hier bin ich. Ich lasse euch nicht reden, weil ich nicht will, dass ihr mir dieselben Lügen wiederholt, die ich vor sechs Jahren hörte, als ich hierher kam, um mich zum König von Polen krönen zu lassen. Aber hier unter vier Augen will ich mich euch gegenüber erklären, und da es das letzte Mal ist, dass ich mit euch sprechen werde, werde ich offen reden. Der verstorbene Kaiser hatte auf Kosten Russlands Polen zum höchsten Gipfel des Gedeihens und des Glücks erhoben. Ich bin seinen Spuren gefolgt. Ich habe meine Schwüre treu gehalten, aber ihr habt alles umgestürzt, ihr habt verraten – mich, meine Familie und euer Vaterland, und ihr habt das Unglück eurer Kinder herbeigeführt. Trotz allem, was ihr sagen mögt, weiß ich, dass ihr noch dieselben revolutionären Gedanken im Kopfe habt; aber denkt daran, dass es hier eine Zitadelle[1] gibt, die ich nur gegen euch erbaut habe und die in 24 Stunden eure Stadt zu Asche machen würde, und gewiss werde ich es nicht sein, der sie wieder aufbauen wird. Trotz allem hege ich keinen Groll wegen dessen, was geschehen ist. Ich habe alles Üble vergessen wollen, was ihr gegen mich persönlich getan habt, aber der Kaiser vergisst nicht. Ich will dennoch das Beste Polens, und es hängt nur von euch ab, sich dessen würdig zu machen [hier verbeugten sich die Deputierten] – verbeugt euch nicht, ich glaube euch nicht! Der Fürst-Marschall[2] kennt meine Absichten, und ihr müsst ihm in allen Dingen gehorchen. Lasst dieses fiktive und chimärische[3] Polen fahren, das immer das Unglück eures Landes war, und denkt nur daran, loyal eure Pflicht zu erfüllten. Erzieht eure Kinder zur Religion, zum Gehorsam gegen die Regierung, und ich werde an euer materielles Wohl denken. Seht, wie Europa unter dem Einfluss revolutionärer Ideen zusammenbricht, aufrecht steht nur Russland, dessen Glück auf festen Prinzipien ruht, und in Russland müsst ihr eure Sicherheit und die Bürgschaft eurer Existenz sehen. Ich bin, gottlob, nur noch Kaiser von Russland, und aufgrund dieses Titels gehört ihr mir.

Zit. nach: Bezirksverband Pfalz (Hrsg.): Das Hambacher Fest. 1832–2007. Materialsammlung für den Unterricht mit ausgewählten Modulen. o. O. 2007, S. 39

1 Ab 1832 unter Nikolaus I. errichtete Festung zur Kontrolle Warschaus.
2 Statthalter des Zaren.
3 Chimäre: Einbildung, Trugbild.

15 Der Press- und Vaterlandsverein (1832/33)

Der im Februar 1832 gegründete „Deutsche Vaterlandsverein zur Unterstützung der Freien Presse", kurz Pressverein, gilt als Vorläufer moderner Parteien. Bis September 1832 gelang es, etwa 5 000 Mitglieder in über 116 Ortsgruppen vor allem im süd- und mitteldeutschen Raum zu gewinnen.
Da der Pressverein regelmäßig Mitgliedslisten, häufig unter Angabe von Beruf und Höhe des Beitrags, veröffentlichte, stellt er eine der wenigen Quellen aus der Zeit des Vormärz dar, die uns einen Einblick in die soziale Zusammensetzung der nationalliberalen Opposition geben.

a) Gründungsaufruf Johann Georg August Wirths (3. Februar 1832)
Unter der Überschrift „Deutschlands Pflichten" veröffentlichte Wirth am 3. Februar 1832 den Aufruf zur Gründung des Pressvereins:

Das Mittel zur Wiedervereinigung Deutschlands im Geiste ist aber einzig und allein die freie Presse. Dies wissen auch die Fürsten, und darum bieten sie auch alle Kräfte auf, um dieser allmächtigen Waffe der Völker in Deutschland den Einzug zu verwehren. Die Seelenangst, mit der die deutschen Fürsten bei dem Gedanken an die Freiheit der Presse ergriffen werden, die namenlose Furcht, die sie vor dem natürlichen Rechte des Menschen, der Gedankenmitteilung, hegen, muss die Völker auf den Wert und die Macht der Presse aufmerksam machen. So schlau nun auch die Könige sind bei allem, was zur Unterdrückung der Völker führt, so haben sie es in einem Punkte doch versehen. Es gibt in Deutschland einige Gaue, wo die Presse frei ist. Die vereinigte Macht der deutschen Könige besitzt nämlich kein rechtliches Mittel, die Presse in Rheinbayern zu fesseln. Es kommt jetzt nur darauf an, die Presse, wo sie frei ist, gegen die faktische Gewalt der Könige zu schützen und dann zum Gemeingut der deutschen Nation zu erheben. Alles dies liegt in der Macht unseres Volkes, und so ist uns denn auch zur Wiedervereinigung unserer Nation im Geiste die Gewalt gegeben. [...] Die besten Söhne des deutschen Vaterlandes müssen daher ihre geistige Kraft den Journalen des Volkes widmen, indem sie bei denselben als Mitredakteure, Korrespondenten oder Mitarbeiter Anstellung suchen. – Wer auch geneigt ist, sich rücksichtslos dem Vaterlande zu weihen, muss doch die Mittel haben, das physische Leben zu erhalten. Das deutsche Volk soll daher für die Subsistenz aller derer sorgen, welche sich seinem Dienste widmen, und auch für die Subsistenz der Familien seiner Verteidiger, wenn diese im Gefängnis sitzen [...]. Darum muss endlich das deutsche Volk durch besondere Vorkehrungen Fürsorge treffen, dass die Journale, welche es für geeignet hält, die Volkssache zu führen, in jeder Gemeinde gehalten und nötigenfalls auf öffentliche Kosten angeschafft werden. [...] Das Mittel dazu ist die Bildung eines öffentlichen Vereins zur Unterstützung der freien Presse. [...] Schließt sich jeder Deutsche, dem die heilige Sache am Herzen liegt, diesem Vereine an, so ist zur Wiedergeburt Deutschlands und der Organisation Europas im demokratischen Sinne, auf gesetzmäßigem Wege der Grundstein gelegt. [...]

Zit. nach: Karl Obermann: Einheit und Freiheit. Die deutsche Geschichte von 1815 bis 1849 in zeitgenössischen Dokumenten. Berlin 1950, S. 109–111

b) Vergleich der Berufsstruktur von Mitgliedern des Pressvereins und der Gesamtbevölkerung des bayerischen Rheinkreises

Berufssektoren	Anteil an der Gesamtmitgliederzahl[1]	Anteil an der Gesamtbevölkerung[2]
Argrar. Sektor	9,9 %	68,7 %
Kaufm. Sektor, Handwerk	79,9 %	23,4 %
Bildung, Verwaltung	9,4 %	1,2 %

1 Nur Vereinsmitglieder mit Berufsangabe.
2 Ergebnisse einer Bevölkerungszählung im bayerischen Rheinkreis von 1832.

c) Soziale Zugehörigkeit, Beitragsaufkommen und ausgewählte Berufe der Mitglieder des Pressvereins im bayerischen Rheinkreis

soziale Schicht	Anteil an		ausgewählte Berufe
	Gesamtmitgliederzahl	Gesamtbeitragsaufkommen	
Oberschicht	18,1 %	46,6 %	• Akademiker (Journalist, Anwalt, Richter, Pfarrer) • Kaufmann • Gutsbesitzer
Mittelschicht	32,3 %	30,5 %	• Akademiker (Lehrer, Anwärter, Student, Gymnasiast) • Wirt/Brauer • Händler • Ackerer
untere/kleinbürgerliche Schicht	49,6 %	22,9 %	• Handwerker • Krämer • Knecht/Tagelöhner

Zit. nach: Cornelia Foerster: Der Preß- und Vaterlandsverein von 1832/33. Sozialstruktur und Organisationsformen der bürgerlichen Bewegung in der Zeit des Hambacher Festes. Trier 1982, S. 156–173

16 Aus der Rede Johann Georg August Wirths auf dem Hambacher Fest (27. Mai 1832)

Wirth war einer der führenden Köpfe der oppositionellen Bewegung in der Pfalz und mit Siebenpfeiffer zusammen Hauptorganisator des Hambacher Festes.

[…] Das Land, das unsere Sprache spricht, das Land, wo unsere Hoffnung wohnt, wo unsere Liebe schwelgt, wo unsere Freuden blühen, das Land, wo das Geheimnis aller unserer Sympathien und all unserer Sehnsucht ruht, dieses schöne Land wird verwüstet und geplündert, zerrissen und entnervt, geknebelt und entehrt. Reich an allen Hilfsquellen der Natur, sollte es für alle seine Kinder die Wohnung der Freude und der Zufriedenheit sein, allein ausgesogen von 34 Potentaten[1], ist es für die Mehrzahl seiner Bewohner der Aufenthalt des Hungers, des Jammers und des Elends. Deutschland, das große, reiche, mächtige Deutschland sollte die erste Stelle einnehmen in der Gesellschaft der europäischen Staaten, allein beraubt durch verräterische Aristokratenfamilien, ist es aus der Liste der europäischen Reiche gestrichen und der Verspottung des Auslandes preisgegeben. Berufen von der Natur, um in Europa der Wächter des Lichts, der Freiheit und der völkerrechtlichen Ordnung zu sein, wird die deutsche Kraft gerade umgekehrt zur Unterdrückung der Freiheit aller Völker und zur Gründung eines ewigen Reiches der Finsternis, der Sklaverei und der rohen Gewalt verwendet. So ist denn das Elend unseres Vaterlandes zugleich der Fluch für ganz Europa. Spanien, Italien, Ungarn und Polen sind Zeuge davon. Spanien ist durch die heilige Allianz, welche ihre Stütze ausschließlich in Deutschland hatte, einer auf Aufklärung, Menschlichkeit und Vernunft gebauten Staatsverfassung sowie seiner patriotischen Cortes[2] beraubt und unter das Messer fanatischer Priester und Aristokraten sowie das Regime des Unsinnes und der Grausamkeit überhaupt zurückgeführt worden. Ungarn und Italien werden von Österreich mithilfe deutscher Kräfte ihrer Nationalität beraubt und in Knechtschaft und Finsternis gehalten. Polen ist zu wiederholten Malen von deutschen Mächten verraten worden und hat den Verlust der Freiheit und des Vaterlandes auch in neuerer Zeit einem deutschen Könige zu verdanken. Die Ursache der namenlosen Leiden der europäischen Völker liegt einzig und allein darin, dass die Herzöge von Österreich und die Kurfürsten von Brandenburg den größten Teil von Deutschland an sich gerissen haben und unter dem Titel der Kaiser von Österreich und der Könige von Preußen nicht nur ihre eigenen Länder nach orientalischen Formen beherrschen und deren Kräfte zur Unterdrückung der Freiheit und Volkshoheit der europäischen Nationen verwenden, sondern auch ihr Übergewicht über die kleineren Länder Deutschlands benützen, um auch die Kräfte dieser dem Systeme fürstlicher Alleinherrschaft und despotischer Gewalt dienstbar zu machen. Bei jeder Bewegung eines Volkes, welche die Erringung der Freiheit und einer vernünftigen Staatsverfassung zum Ziele hat, sind die Könige von Preußen und Österreich durch Gleichheit der Zwecke, Gesinnungen und Interessen an Russland geknüpft, und so entsteht jener furchtbare Bund, der die Freiheit der Völker bisher immer noch zu töten vermochte. Die Hauptmacht dieses finsteren Bundes besteht immer aus deutschen Kräften, da Russland ohne die Allianz mit Preußen und Österreich ohnmächtig wäre und durch innere Stürme in Zerrüttung fallen würde. So riesenhaft daher die Macht des absoluten Bundes auch sein mag, so ist ihr Ende doch in dem Augenblicke gekommen, wo in Deutschland die Vernunft auch in politischer Beziehung den Sieg erlangt, d. h. in

17 Zug auf das Hambacher Schloss am 27. Mai 1832, anonyme Federlithographie, zeitgenössisch koloriert

dem Augenblicke, wo die öffentlichen Angelegenheiten nicht mehr nach dem despotischen Willen eines Einzigen, nicht mehr nach den Interessen einer über ganz Europa verzweigten Aristokratenfamilie, sondern nach dem Willen der Gesellschaft selbst und nach den Bedürfnissen des Volkes geleitet werden. In dem Augenblick, wo die deutsche Volkshoheit in ihr gutes Recht eingesetzt sein wird, in dem Augenblick ist der innigste Völkerbund geschlossen, denn das Volk liebt, wo Könige hassen, das Volk verteidigt, wo die Könige verfolgen, das Volk gönnt das, was es selbst mit seinem Herzblut zu erringen trachtet, und, was ihm das Teuerste ist, die Freiheit, Aufklärung, Nationalität und Volkshoheit, auch dem Brudervolk: das deutsche Volk gönnt daher diese hohen, unschätzbaren Güter auch seinen Brüdern in Polen, Ungarn, Italien und Spanien. Wenn also das deutsche Geld und das deutsche Blut nicht mehr den Befehlen der Herzöge von Österreich und der Kurfürsten von Brandenburg, sondern der Verfügung des Volkes unterworfen sind, so wird Polen, Ungarn und Italien frei, weil Russland dann der Ohnmacht verfallen ist und sonst keine Macht mehr besteht, welche zu einem Kreuzzug gegen die Freiheit der Völker verwendet werden könnte. Der Wiederherstellung des alten, mächtigen Polens, des reichen Ungarns und des blühenden Italiens folgt von selbst die Befreiung Spaniens und Portugals und der Sturz des unnatürlichen Übergewichts. Europa ist wiedergeboren und auf breiten natürlichen Grundlagen dauerhaft organisiert. Freiheit des Welthandels ist die köstliche materielle Frucht, und unaufhaltsames Fortschreiten der Zivilisation, der außer jeder Berechnung liegende geistige Gewinn eines solchen Weltereignisses. [...]

Zit. nach: Wolfgang Hardtwig, Helmut Hinze (Hrsg.): Deutsche Geschichte in Quellen und Darstellung. Vom Deutschen Bund zum Kaiserreich 1815–1871. Stuttgart 1997, S. 95–99

1 Machthaber.
2 Spanisches Parlament.

18 Das Bosenbergfest bei St. Wendel (27. Mai 1832)

Im zeitlichen Umfeld des Hambacher Festes gab es im südwestdeutschen Raum ähnliche kleinere Feste, mit denen gegen die nationalen und regionalen Zustände protestiert wurden.
Auch in St. Wendel, Verwaltungszentrum des winzigen Fürstentums Lichtenberg (heute Teil des Saarlandes und Rheinland-Pfalz), fand am 27. Mai 1832 auf dem nahe gelegenen Bosenberg ein derartiges Fest statt.
Ein Augenzeugenbericht des Staatsrates Fischer, der im Auftrag des oldenburgischen Großherzogs das Fürstentum Lichtenberg bereiste, vermittelt einen Eindruck vom Ablauf und der besonderen Kultur dieses Festes.

Gegen 12 Uhr begann das Fest mit einer militairischen Wachtparade, welche von der sogenannten jungen Nationalgarde, d. h. von einigen zwanzig in allen regelrechten militairischen Formen sich bewanderungswürdig auszeichnenden Schulbuben unter Begleitung einer großen Volksmenge bei Trommelschlag und klingendem Spiel aufgeführt wurde. Gegen ein Uhr verkündigte abermals das förmliche Schlagen des Generalmarsches dieser Nationalgarde deren Abmarsch und das Beginnen des Festes auf einer in der Nähe von St. Wendel gelegenen Anhöhe. Vier Handwerksburschn mit rothen Freiheitsmützen errichteten unter patriotischen Hymnen [...] den Freiheitsbaum, eine zierliche Fichte, über welche nur in dem Bezug einiger Anstand vorwaltete, daß die Freiheitsmänner solche in der vorigen Nacht einem Gutsbesitzer zu stehlen sich die Freiheit genommen hatten. In den Zweigen derselben prangte eine Fahne, deren Farben, schwarz, roth und golden mit einer rothen Freiheitsmütze auf der Spitze, die Einheitstendenz der bekannten burschenschaftlichen Verbindung bezeichnete.
Böllersalven verkündeten der Umgegend den Moment dieser feierlichen Errichtung.
Wohl an 2000 Menschen hatten sich um dieses interessante Emblem versammelt. Die junge Garde formierte bald zur Abhaltung der Menge einen engeren Kreis, innerhalb welchem, wie es schien die Coriphaen[1] des Festes, einige zwanzig Handwerksburschen mit mehreren von Bier und Branntwein begeisterten Sängern Posto gefaßt[2] hatten. Hierauf bestieg der nunmehr auch von seiner Schulstelle suspendierte protestantische Pfarrer Juch eine Art Feldkanzel, und hielt eine etwas schwülstige, übrigens ziemlich unbedeutende Festrede. Die Wiederherstellung der alten deutschen Maiversammlungen zum Zweck allgemeiner Interessen der deutschen Nation sollte der nächste Gegenstand des Festes seyn. Der Redner zeigte dabei sehr schöne geographische Kenntnisse in der Benennung aller großen und kleinen Flüsse Teutschlands, und die in jeder Beziehung sehr wasserreiche Rede deutete abermals auf die bekannten Einheitstendenzen, welche die St. Wendeler und andere teutsche Nationen unter einen Hut (nämlich die rothe Mütze) bringen will. [...]

Zit. nach: Staatsarchiv Oldenbourg, Best. 32/10-3-11: Berichte des Staatsrats Fischer zu den Ereignissen im Fürstentum Lichtenberg

1 Hier: führende Köpfe.
2 Posto fassen: in Stellung bringen.

19 Aus der Verteidigungsrede Philipp Jakob Siebenpfeiffers (1832/33)

Siebenpfeiffer und andere Organisatoren des Hambacher Festes wurden im Juni 1832 verhaftet und in Landau vor Gericht gestellt. Die Rede, die Siebenpfeiffer während des Prozesses gehalten haben will, veröffentlichte er im Schweizer Exil.

Die sogenannte konstitutionelle Monarchie, offenbar der Idee nach die vollendetste Staatsform, weil sie die Stetigkeit der Monarchie mit dem beweglichen Fortschritt der Republik vereinen würde, dünkt den einen ein Übergang, den andern eine Täuschung. Sie fand den Weg über den Kanal zu spät und bewährt schon jetzt sich nur als eine Korruptionsanstalt, die den Zweck hat, den Geist der Völkerbewegung zu lahmen, zu töten, den letzten Keim sittlicher Kraft in den Menschen zu vernichten.
Was mich betrifft, ich bin Republikaner von ganzer Seele; nicht bloß der Theorie nach, sondern ich halte die Repräsentativ-Republik für die einzige Staatsform, die einem größeren Volk, das seine Würde fühlt, geziemt, für die alleinige, die heute möglich. Sie allein kann freies Denken, freies Handeln geben, somit den Zweck der Völkerbewegung erfüllen. [...] Außerdem kenne ich nur zwei Staatsformen: absolute Monarchie nämlich, für jugendliche Völker etwa, welche, das Schwert in der Hand, einen Wohnsitz, ein Dasein erkämpfen wollen, oder für versunkene Völker, die der Peitsche bedürfen, um nicht in Fäulnis überzugehen; sodann eine Aristokratie, wo eine Klasse herrscht, das übrige Volk aber Heloten[1], Sklaven sind. Die konstitutionelle Monarchie, welche Republik und Fürstlichkeit vereinen soll, ist mir praktisch ein Unding. Nur ein Wille kann Staaten regieren; jene stellt aber einen zweifachen auf: den Willen des Monarchen und den Willen des Volkes. So entsteht ein Doppelprinzip, das sich selbst feindselig bekämpft. Alle Gewalt strebt, wie man weiß, naturgemäß nach ihrer Erhaltung, Befestigung,

20 **„Gast Wirth“**, um 1832; Protestbild, das als Reaktion auf die Verfolgung von Siebenpfeiffer und Wirth in vielen pfälzischen Wirtshäusern hing.

Erweiterung: ist die Regierung stark, so wird sie absolut, die Mitwirkung des Volkes wird ein Gaukelspiel sein; ist der Volksrat stark, so geht die Monarchie in der Republik unter […]! – Die Repräsentativ-Republik aber stellt nur einen Willen auf, den der Gesamtheit. Parteien können entstehen, Bewegungen, Kämpfe mögen kommen, sollen kommen, denn sie bewahren den Staat vor Fäulnis: aber sie zeigen sich nur, wo wesentliche Gebrechen, wo ernste Interessen verletzt, nicht alle Kräfte zu freiem Spiele gelassen sind; und es besteht ein gesetzliches Organ für jedes solches Interesse, die Gesamtheit kann das Gebrechen heilen. Ihr sagt: eine Demokratie passt nur für ganz kleine Staaten, so sag' ich auch: […] Selbst das römische Volk hatte nur eine Stadtregierung, und dennoch bewirkte sie Wunder. Sagt ihr aber, die heutigen Völker seien für republikanische Formen nicht tüchtig, so ist man versucht zu denken, ihr urteilt nach euch selbst. Meint ihr aber, sie seien dafür noch nicht reif, so brecht ihr euch den Stab und der Monarchie, die in tausend Jahren nicht fähig war, die Völker weiter zu bringen. Lauter nichtige Vorwände! Um die Erziehung der Völker zu bewirken, raubt ihr ihnen die Bildungsmittel, Schule und Presse! Deutet man euch auf Nordamerika, wo mit Menschen von gleicher Art und Weise wie wir die Repräsentativ-Republik in vollem Glanze blüht, wo fünfzig Jahre sturmlos hingegangen und von wo nach weiteren fünfzig Jahren das versunkene Europa, wenn dessen Wiedergeburt misslingt, das Gesetz, im schlimmsten Falle Freiheit und Zivilisation zurück empfangen wird; so leugnet ihr entweder schamlos die bewunderungswerten Resultate, die sie liefert, oder ihr helft euch mit der Wendung, Amerika sei nicht Europa. […] Die Zukunft wird zeigen, dass Europa so geeignet wie Amerika für echt republikanische Gemeinwesen, und die Früchte werden noch herrlicher sein als dort, wo der Mensch noch mit den ersten Bedürfnissen ringt, wo es fast an allen Elementen für geistige Schaffungen gebricht.

Zit. nach: Bezirksverband Pfalz (Hrsg.): Das Hambacher Fest. 1832–2007. Materialsammlung für den Unterricht mit ausgewählten Modulen. o.O. 2007, S. 17

[1] Unfreie, zu Abgaben und Diensten verpflichteten Bewohner Spartas.

21 Metternich zur politischen Lage in Deutschland nach dem Hambacher Fest (Juni 1832)

Aus einem Schreiben des österreichischen Staatskanzlers Fürst von Metternich an den preußischen Minister Fürst zu Sayn-Wittgenstein vom 6. Juni 1832.

Sie haben sicher Berichte über die Hambacher Geschichten en detail erhalten. So weit sind die Dinge in Deutschland gekommen!

Ich gestehe aufrichtig, daß ich mir aus dem Ergebnisse nichts mache, oder vielmehr, dass mir dasselbe manche gute Seite darbietet. Mir sind die Dinge, welche offen vorliegen, stets lieber als die verkappten. Was der Liberalismus will, was er ist, wohin er zielt und wohin er die Staaten, die sich ihm hingeben, unaufhaltbar führt, hieran kann wohl heute keiner, der Augen, Ohren und einen Sinn hat, mehr zweifeln. Vor solchen Beweisen muss die Doktrin[1] verstummen.

Mit Volksrepräsentationen im modernen Sinne, mit der Pressefreiheit und politischen Vereinen, muss jeder Staat zu Grunde gehen; der Monarchische wie die Republik. Nur Anarchie ist möglich, dagegen mögen die Gelehrten am Schreibetische protestieren so viel sie auch immer wollen. Am Ende der Gelehrsamkeit steht das Zuschlagen und kommt es einmal hierzu, so ist der, der in geschlossenen Reihen zuschlägt, der Gelehrteste.

Wir werden in Deutschland zum Zuschlagen kommen. Das Böseste im lieben Vaterlande sind die Regierungen, vortrefflich zum betrogen werden aber sehr schlecht, um sich und Anderen zu helfen! Wenn man heute in Bayern noch glaubt das Regieren zu verstehen, so sind die Leute incurabel[2]. […]

Zit. nach: Elisabeth Dross (Hrsg.): Quellen zur Ära Metternich. Ausgewählte Quellen zur deutschen Geschichte der Neuzeit. Freiherr-vom-Stein-Gedächtnisausgabe, Bd. 23 a, Darmstadt 1999, S. 177

[1] Lehrmeinung.

[2] Unheilbar.

Arbeitsvorschläge:

1. Charakterisieren Sie den liberalen Freiheits- und Gleichheitsbegriff, wie ihn Pfizer versteht. Entwickeln Sie anhand Ihrer Ergebnisse Vorstellungen über die nach Meinung Pfizers beste Staatsform (M 6).
2. Karl Ludwig Sand hatte kurz vor seinem Attentat auf der Wartburg gerastet und in das dortige Gästebuch das Körner-Zitat geschrieben: „Drück dir den Speer ins treue Herz hinein! Der Freiheit eine Gasse!". Untersuchen Sie, inwiefern der Abschiedsbrief Sands inhaltliche Parallelen zu Körners Gedicht „Aufruf" (s. S. 13) aufweist (M 8).
3. Diskutieren Sie anhand des Abschiedsbriefes Sands die Rechtmäßigkeit eines Attentats. Beziehen Sie zusätzlich weitere historische Attentate (Caesar, Hitler u. a.) und Artikel 20, Abs. 4 des Grundgesetzes („Gegen jeden, der es unternimmt, diese Ordnung zu beseitigen, haben alle Deutschen das Recht zum Widerstand, wenn andere Abhilfe nicht möglich ist.") mit ein (M 8).
4. Untersuchen Sie, inwiefern die Karikatur „Der Denkerclub" von 1820 die damalige Realität widerspiegelte (M 5).
5. Analysieren Sie die beiden Karikaturen „Zeitgeist" und „Anti-Zeitgeist". Ordnen Sie die Karikaturen in den historischen Kontext ein und charakterisieren Sie den politischen Standpunkt des Karikaturisten (M 1).
6. Arbeiten Sie die Forderungen Hoffmanns von Fallersleben am Beispiel des „Lied der Deutschen" heraus. Vergleichen Sie mit der Realität im Deutschen Bund. Erläutern Sie die Begriffe Patriotismus und Chauvinismus anhand der ersten Strophe des „Lied der Deutschen", indem Sie die Aussage dieser Strophe im Kontext unterschiedlicher Zeiten (Epoche des Vormärz, des Imperialismus, des Zweiten Weltkriegs) charakterisieren (M 7).
7. Informieren Sie sich mithilfe geeigneter Medien über das Leben Simón Bólivars und seine Bedeutung für die Unabhängigkeit der spanischen Kolonien Südamerikas. Arbeiten Sie heraus, wie die Erklärung der Unabhängigkeit Venezuelas begründet wird. Nehmen Sie dazu Stellung. Beziehen Sie bei Ihrer Stellungnahme sowohl den historischen Hintergrund dieser Erklärung als auch die koloniale Vergangenheit Südamerikas mit ein. Vergleichen Sie die Unabhängigkeitserklärung Venezuelas mit der Griechenlands (M 10, M 13).
8. Der Maler Eugène Delacroix hat über sein Werk „Die Freiheit führt das Volk an" gesagt: „[...] und wenn ich auch nicht für das Vaterland gesiegt habe, male ich doch wenigstens dafür." Untersuchen Sie, mit welchen künstlerischen Mitteln und mit welcher politischen Botschaft Delacroix für sein Vaterland Partei ergreift (M 2).
9. Erläutern Sie die Bildelemente des Gemäldes „Der polnische Prometheus" vor dem Hintergrund der historischen Ereignisse 1830 in Polen. Arbeiten Sie die Hauptaussage des Bildes heraus (M 3).
10. Erklären Sie die Aufgabe und Bedeutung der Presse, wie sie im Aufruf zur Gründung des Pressvereins dargestellt werden. Beschreiben Sie die Aufgaben des „Vereins zur Unterstützung der freien Presse". Vergleichen Sie diese Forderungen mit Art. 5 des Grundgesetzes der Bundesrepublik Deutschland (M 15 a).
11. Analysieren Sie die soziale Struktur des Pressvereins. Nehmen Sie anhand Ihrer Ergebnisse Stellung zu der These, die national-liberale Bewegung sei eine bürgerliche Bewegung, insbesondere eine Bewegung des akademischen Bürgertums gewesen (M 15 b, c).
12. Geben Sie wieder, wie Wirth die politische Situation in Deutschland und Europa darstellt, und überprüfen Sie seine Aussagen. Arbeiten Sie heraus, welche politischen Ziele Wirth verfolgt und welche Rolle Deutschland bei der Verwirklichung dieser Ziele nach seiner Meinung zukommt (M 16).
13. Nennen Sie Symbole und Handlungen, mit denen die Teilnehmer des Bosenbergfestes ihren Protest zum Ausdruck brachten. Weisen Sie nach, dass die Kultur dieses Festes stark von der Französische Revolution geprägt war. Bezeichnen Sie einzelne Textabschnitte, in denen die kritische Haltung des Autors gegenüber den von im beschriebenen Ereignissen deutlich wird (M 18).
14. Analysieren Sie die Rede Siebenpfeiffers, indem Sie seine Hauptaussage und die zugrunde liegende Argumentation herausarbeiten. Überprüfen Sie, inwieweit Siebenpfeiffers Überzeugungen liberalen Positionen entsprachen (M 19).
15. Arbeiten Sie heraus, wie Metternich den Liberalismus allgemein und die konkrete politische Lage nach dem Hambacher Fest einschätzt. Geben Sie sein Urteil über die bayerische Regierung wieder und erläutern Sie diesen Standpunkt, indem Sie Metternichs Politik seit 1814 mit der Verfassungspolitik Bayerns vergleichen (M 21).

3 Wirtschaft und Gesellschaft im Vormärz

Im engeren Sinne wird der Zeitraum zwischen 1840 und März 1848 als Vormärz bezeichnet. Damit soll ausgedrückt werden, dass gerade in diesen Jahren der Boden für die Revolution im März 1848 bereitet wurde. Die Ursachen reichten allerdings viel weiter zurück, in den 1840er-Jahren spitzte sich die Situation aber so zu, dass sich die Krisenphänomene und die sozialen sowie politischen Gegensätze 1848 in einer Revolution entluden. Dabei trafen gerade in den deutschen Staaten die Veränderungen in Wirtschaft und Gesellschaft so zusammen, dass man von einer „Deutschen Doppelrevolution" spricht.

Die Industrialisierung und die Veränderung der Lebensbedingungen

Das europaweite Bevölkerungswachstum im 19. Jahrhundert war grundlegend für viele weitere wirtschaftliche und soziale Entwicklungen. Die Einwohnerzahl im Deutschen Bund stieg in der ersten Hälfte des Jahrhunderts um ca. 30–50%. Dabei gab es große regionale Unterschiede, die mit dem Arbeitsplatzangebot, aber auch mit der staatlichen Familien- und Sozialpolitik zusammenhingen. So lagen die Zahlen in Preußen und Sachsen über, in Bayern und Württemberg weit unter 50%. Mit dem Fortschreiten der Industrialisierung wuchsen auch die Städte.

Die Wirtschaft befand sich in der Zeit des Vormärz in einer Umbruchphase. Im ausgehenden 18. Jahrhundert hatte in Deutschland ein Frühindustrialisierungsprozess zunächst zögerlich eingesetzt, um dann im neuen Jahrhundert immer mehr Fahrt zu gewinnen. Begünstigt wurde dies auch durch die Reformen aus der Zeit Napoleons. Die Hauptphase der Industrialisierung, die als „Take off" zur Moderne bezeichnet werden könnte, setzte erst um die Mitte des 19. Jahrhunderts ein. Entsprechend spät vollzog sich auch der Wandel von einer Agrar- in eine Industriegesellschaft.

Die Frühindustrialisierung hing noch in hohem Maße mit der Landwirtschaft zusammen. Diese blieb zunächst der wichtigste Wirtschaftssektor, dessen Struktur sich aber völlig veränderte. Es fand eine Kommerzialisierung der Agrarwirtschaft statt. Die Produktion wurde auf die wachsenden Absatzmärkte ausgerichtet. Bedeutend war dabei auch der wissenschaftliche und technische Fortschritt. Die Hektarerträge wurden zum Beispiel durch eine gezielte Düngung und verbesserte Anbaumethoden erhöht. Eine größere Anzahl Vieh konnte auf der gleichen Fläche gehalten werden, sodass sich auch die Fleisch- und Milchproduktion steigerte. Landwirtschaftliche Vereine und Forschungsinstitute wurden in schneller Folge gegründet und richteten ihr Augenmerk neben der Forschung auch auf die Verbreitung des erworbenen Wissens, sodass das neue Know-how in der Landwirtschaft einem breiteren Publikum zugänglich gemacht werden konnte. Durch diese Entwicklung wurde eine wichtige Grundlage für die gewerbliche Industrialisierung gelegt, da außerhalb von Krisenzeiten eine immer stärker anwachsende Bevölkerung ernährt werden konnte und gleichzeitig prozentual immer weniger Menschen in der Landwirtschaft arbeiten mussten, um die notwendigen Lebensmittel zu produzieren.

Bei der Entwicklung des Industriesektors kam der Montanindustrie die wichtigste Bedeutung zu. Der Eisenbahnbau hatte eine Vorreiterrolle. Aufbauend auf Pläne von Friedrich List zu einer ersten Fernbahnlinie Leipzig–Dresden (gebaut 1837–39), wurde das Schienennetz schnell vergrößert und verdichtet. Mitbedingt durch die Rückkopplungseffekte aus dem Eisenbahnbau, wuchs die Produktivität in den Bereichen Eisen- und Stahlindustrie, Steinkohlenförderung und Maschinenbau schon im Vormärz an, wenn auch die extreme Steigerung erst ab 1850 einsetzte. Wieder zeigt sich der Vormärz als Schwellenzeit, hier als eine Anlaufphase der Hochindustrialisierung.

Die Zollunion

Die fortschreitende Industrialisierung stand auch in Wechselwirkung zur staatlichen Wirtschaftspolitik. Dabei entwickelte sich eine Führungsrolle Preußens im Deutschen Bund, da früh deutlich wurde, dass der Bundestag in Frankfurt diese Rolle nicht übernehmen konnte oder wollte. Ausgangspunkt war die Zollpolitik, die zum Motor einer wirtschaftlichen Einigung werden sollte. Ausgehend von dem Bestreben, die westlichen Provinzen (vor allem das Rheinland) mit dem Kernstaat zu verbinden, entwickelte die preußische Politik die Idee von Zollunionen zwischen den deutschen Staaten. 1828 wurde ein entsprechender Vertrag mit Hessen-Darmstadt geschlossen (vgl. Karte). Einige nichtpreußische Staaten fühlten sich aber von dieser Politik bedroht und gründeten nun ihrerseits den Mitteldeutschen Handelsverein, der auch die Gebiete zwischen den preußischen West- und Ostprovinzen mit einbezog. Von Österreich und Frankreich unterstützt, war dies Ausdruck einer bewussten Opposition zu der wirtschaftlichen Einigungspolitik unter preußischer Führung. Ebenfalls 1828 wurde der Süddeutsche Zollverein gegründet. Schließlich gelang es Preußen aber doch, durch finanzielle Anreize eine Union zu schaffen. Unter dem Namen „Deutscher Zollverein" schlossen sich das preußisch-hessische und das bayerisch-württembergische System zusammen. In den folgenden Jahren traten weitere Staaten bei, 1842 waren es bereits 28 der 39 Staaten des Deutschen Bundes. Es gab jetzt eine einheitliche Außenzollgrenze um ein „zollvereintes deutsches Gebiet".

Die Motive für die Beitritte sind in wirtschaftlichen Überlegungen zu finden, denn die Zollunion wurde zu einem Erfolgsmodell. Für die Einzelstaaten minimierte sich der administrative Aufwand der Zollerhebung. Gleichzeitig stiegen die Einnahmen, da das lückenlose System effizienter war als die alten Modelle und Preußen sich bei der Verteilung der Profite als großzügig erwies. Da die Zollhindernisse abgebaut und der Handel erleichtert wurden, konnte sich ein reger Binnenmarkt entwickeln. Auch der Eisenbahn- und Fernstraßenbau sowie die Binnenschifffahrt profitierten davon. Preußen hatte also im Vormärz die wirtschaftspolitische Führungsrolle übernommen.

Veränderung der Lebensbedingungen in der Zeit des Vormärz

Landwirtschaft: Noch 1850 lebten mehr als zwei Drittel der Bevölkerung auf dem Land. Die Hälfte war in Land- und Forstwirtschaft beschäftigt.

Die Bauernbefreiung war zu Beginn des 19. Jahrhunderts zwar angestoßen, aber sehr unterschiedlich durchgeführt worden. Selbst dort, wo die persönliche Freiheit die Erbuntertänigkeit und die Schollenbindung beendet hatte, waren damit die Probleme der Abhängigkeit

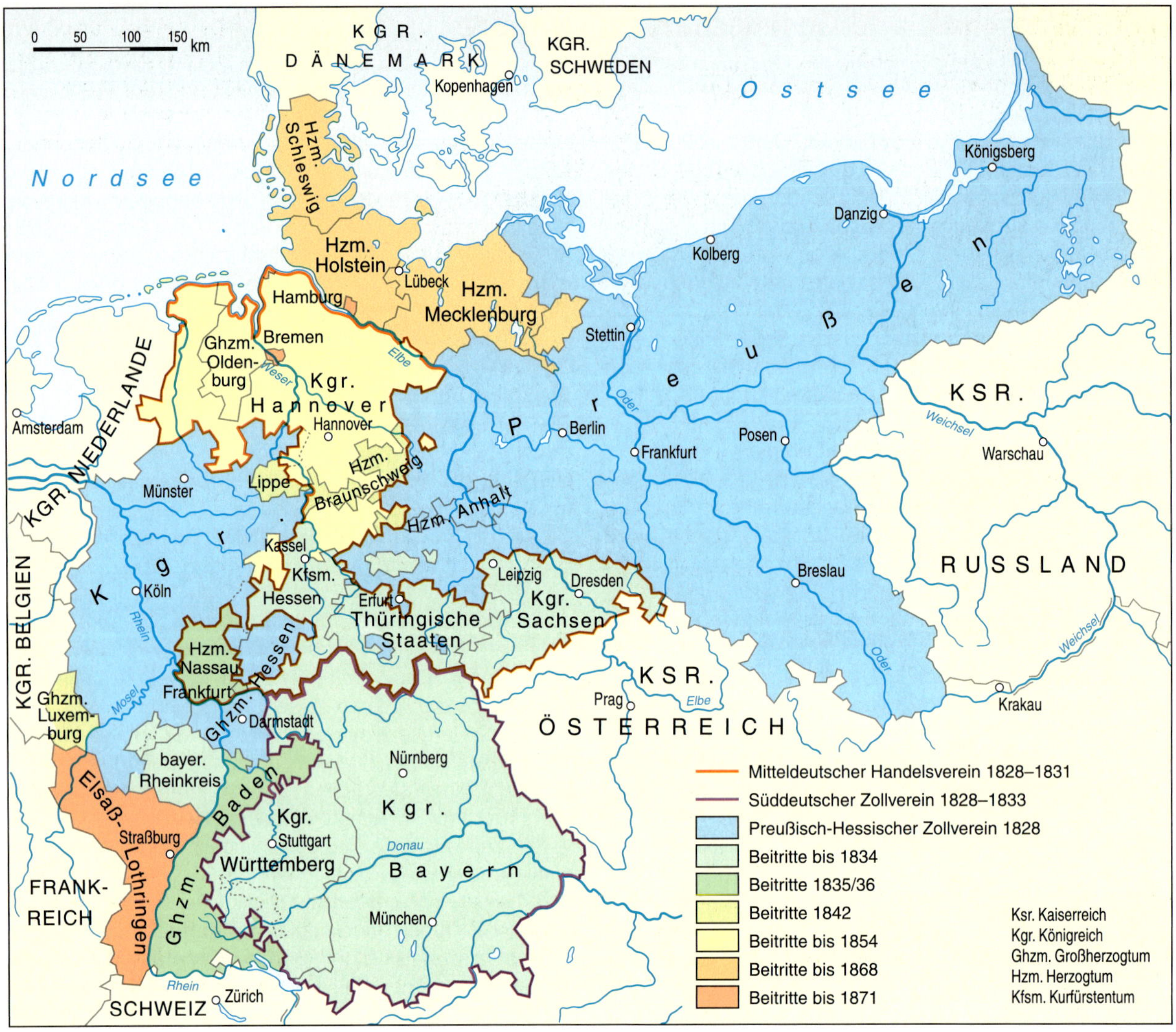

1 **Der Deutsche Zollverein**

noch nicht grundlegend gelöst. Das Ziel dieser Reform war die Schaffung eines selbstständigen Bauerntums gewesen. Dazu mussten Grund und Boden in den Besitz der ehemals abhängigen Bauern übergehen. Die Umsetzungskonzepte sahen vor, dass die Bauern die Abgaben und Frondienste an den Grundherrn mit Geld oder Land ablösen sollten. So entstand zwar einerseits ein freies Bauerntum, andererseits verschuldeten sich aber gerade die kleinen Bauern bei der Ablösung oft so hoffnungslos, dass sie ihren Hof nicht mehr halten konnten. Großgrundbesitzer eigneten sich das Land an, die Bauern wurden zu bloßen Pächtern oder mussten ihre Hofstelle sogar verlassen und sich als Lohnarbeiter verdingen.

Im ostelbischen Raum beispielsweise waren gerade die Gutsbesitzer die Gewinner der Bauernbefreiung. Sie konnten ihr Land vergrößern und weiterhin über feudale Restprivilegien, z. B. über das Jagdrecht, verfügen. Auch bei der Besteuerung waren sie privilegiert, zahlten etwa 20 % der Steuern, obwohl sie 50 % des Landes hielten. Zudem bestand eine Gerichtshoheit der Rittergutsbesitzer im lokalen Bezirk (Patrimonialgerichtsbarkeit) weiter ebenso wie eine Polizeihoheit. Die kleinen Bauernbetriebe waren gegenüber den Großbetrieben der Gutsbesitzer wenig konkurrenzfähig. Auf den großen Flächen konnten die neuen Technologien (v. a. in der Düngung und beim Maschineneinsatz) sowie die marktorientierte Produktion viel eher umgesetzt werden. Die Verlierer der Bauernbefreiung waren die zahlreichen Kleinbauern, die ihre Selbstständigkeit verloren und als Pächter oder Lohnarbeiter in die unterbäuerlichen Schichten abstiegen. Gerade diese Schichten wuchsen in der ersten Hälfte des Jahrhunderts stark an. Dies lag auch an der Bevölkerungsvermehrung. Zunehmend mehr Menschen suchten als Land- und Lohnarbeiter ihr Auskommen zu finden. In den ersten Jahrzehnten des 19. Jahrhunderts konnten die steigenden Erträge noch eine größere Zahl von Menschen am Rand des Existenzminimums versorgen. Doch seit den 1840er-Jahren wurde der Bevölkerungsdruck spürbar. Schon kleinere Missernten ließen die sowieso schon große Armut in dieser ständig wachsenden Bevölkerungsgruppe in bittere Not umschlagen.

Die enttäuschten Hoffnungen in Bezug auf die Bauernbefreiung sowie die angespannte wirtschaftliche und soziale Situation der ländlichen Unterschichten sollten im Jahre 1848 wichtige Faktoren bei der Revolution auf dem Lande werden. Die Bauern vertraten dabei allerdings vor allem ihre unmittelbaren Interessen, weniger politische Programme. Dies wurde für den Verlauf der Revolution ein wichtiger Aspekt, da viele Bauern durch eine Erfüllung ihrer Forderungen schnell aus der revolutionären Bewegung ausschieden.

2 Die Lebens- und Arbeitsbedingungen einer Schuhmacherfamilie, Federlithographie von Theodor Hosemann, 1845

Handwerk und Heimgewerbe – Protoindustrialisierung: Auch die Strukturen im Handwerk veränderten sich durch das Bevölkerungswachstum und die Industrialisierung nachhaltig. Immer mehr Menschen suchten ein Auskommen in dieser Sparte. Mit der Aufweichung bzw. Aufhebung des Zunftzwanges vermehrte sich die Zahl der Handwerker und vor allem der Handwerksgesellen in der Zeit von 1816–1846 deutlich. In Preußen beispielsweise stieg ihre Zahl um 156%. Dabei expandierte der Absatzmarkt nicht in gleichem Maße. Gleichzeitig bekamen einige Zweige des Handwerks Konkurrenz durch Produkte, die in großen Fabriken mit Maschinen billiger gefertigt werden konnten, sodass es zu Absatzkrisen und zu einem Preisverfall kam. Die Einkommen sanken. Die Betriebsgrößen entwickelten sich sehr unterschiedlich. Mittlere Größen kamen immer seltener vor. Dagegen stieg die Anzahl der Einmannbetriebe auf der einen und jene der Großbetriebe mit zahlreichen Gesellen auf der anderen Seite. Gerade die Löhne der Gesellen sanken aber aufgrund der großen Konkurrenz um diese Stellen bis unter das Existenzminimum.
Der Übergang zwischen Handwerk und Industrie wurde fließend. Hier ist vor allem das protoindustrielle Heimgewerbe als Beispiel zu nennen. Der Handwerker wurde zum Arbeiter, dabei war er formal selbstständig. Ein Verleger, beispielsweise ein Tuchhändler, organisierte die dezentralisierte Produktion und beschaffte die Rohstoffe. Der Heimgewerbetreibende und seine Familie verrichteten in den eigenen Räumen die Arbeit. Der Verleger sorgte dann wieder für den Absatz der Produkte auf überregionalen Märkten. Den Handwerker bzw. Heimarbeiter entlohnte er nach ausgehandelten Preisen. Durch die ständig steigende Zahl an Arbeitskräften konnte der Verleger die Bedingungen für die Heimarbeit stets weiter verschärfen und die Entlohnung absenken.
Der Handwerker – vor allem der Geselle, aber auch der Meister – war im Vormärz vom wirtschaftlichen und sozialen Abstieg bedroht. Seine Produkte erhielten Konkurrenz durch die Industrie, die Zunftordnungen zerfielen, und immer mehr Menschen drängten in die Sparte. Diese Entwicklung hatte nicht nur wirtschaftliche, sondern auch große psychologische Auswirkungen. Man könnte von einem Abstiegs- und Neuerungstrauma sprechen. Die Bereitschaft, an einem radikalen Umsturz mitzuarbeiten, war entsprechend hoch.

Industrie: Die Industriearbeiter verstanden sich in der Zeit des Vormärz noch nicht als eigene Gruppe. Zu groß waren die Unterschiede zwischen den Arbeitern und ihren Einkommen, und zu gering war ihre Politisierung vorangeschritten. Die Facharbeiter konnten durchaus einen kleinbürgerlichen Lebensstandard erreichen, während einfache Lohnarbeiter – eher vergleichbar mit den Handwerksgesellen – unter dem Existenzminimum lebten. Der energisch vorangetriebene Eisenbahnbau ermöglichte vielen Lohnarbeitern und Handwerksgesellen, vorübergehend Arbeitsstellen zu finden, aber auch hier drückten die hohen Bewerberzahlen die Löhne nach unten.
Die meisten Arbeiterfamilien lebten unter erbärmlichen Bedingungen auf engstem Raum. Sie waren auf den Miterwerb der Frauen und Kinder angewiesen. Zu ihren Lasten gingen auch die hohen Unfallraten in Zeiten der jungen Maschinisierung, denn Arbeitsschutzmaßnahmen gab es kaum. Eine soziale Absicherung war nicht vorhanden. Trotz der katastrophalen Umstände gab es nur wenige Aufstände. Streiks waren nicht erlaubt. Die politische Organisation der Arbeiterbewegung kam zur Zeit des Vormärz erst im Ausland in Gang, indem Geheimorganisationen durch Emigranten gegründet wurden. So bildete sich 1847 in London der „Bund der Kommunisten" aus deutschen Handwerksgesellen und Intellektuellen unter maßgeblichem Einfluss von Karl Marx und Friedrich Engels, die 1847/48 das „Kommunistische Manifest" verfassten. Zu Beginn der Revolution 1848 hatte ihr Geheimbund aber erst etwa 100 Mitglieder und spielte als politische Kraft noch keine Rolle.

Zusammenfassend muss man sagen, dass der Proletarier im Vormärz noch nicht dominierend war. Die Verelendung der Arbeiter war durch den Vergleich mit der Frühindustrialisierung in England zwar absehbar, die Diskussion bei den sozialen Problemen wurde aber durch die Handwerksgesellen beherrscht. Ihre Lage verschlechterte sich, mit und ohne Zunftzwang. Gerade durch ihre Mobilität wurde diese Gruppe für die bestehende Ordnung gefährlich, da sie zu den Verlierern der Frühindustrialisierung gehörte. Viele Gesellen mussten sich als Lohnarbeiter in den Fabriken verdingen, da sie in ihrem Gewerbe nicht mehr genügend Chancen vorfinden konnten. Die Gesellen wurden „zum eigentlichen Träger der Revolution von der sozialen Komponente" her (Theodor Schieder). Metternich hatte das revolutionäre Potenzial der Handwerksgesellen früh erkannt. Bereits 1835 bewirkte er einen Beschluss des Deutschen Bundes, der diese Gruppe unter intensive polizeiliche Aufsicht stellte und Handwerksgesellen verbot, in Länder wie die Schweiz zu wandern, wo oppositionelle Vereinigungen geduldet wurden.

Pauperismus und Hungerkrisen

Der Begriff Pauperismus (lat. pauper = arm) wurde von Zeitgenossen um 1840 geprägt, um das Massenphänomen der Armut hervorzuheben. Ganze Bevölkerungsgruppen lebten unter dem Existenzminimum ohne jede Perspektive, sich aus dieser Situation befreien zu können. Sie waren arm, obwohl sie arbeiteten. Ihre Notlage kam nicht allein durch eine Krisenzeit zustande, sondern sie war ein strukturelles und damit grundsätzliches Problem. Die Bevölkerungszahl stieg schneller an als die Produktivität der Wirtschaft. Die Entwicklung von der Agrar- hin zur Industriegesellschaft verlief ungeregelt, sodass große soziale Missstände auftraten und die Schere zwischen Gewinnern und Verlierern der Industrialisierung, zwischen Arm und Reich immer weiter aufging. Der Pauperismus ist sehr eng mit der Sozialen Frage verknüpft. Dieser Begriff bezeichnet schlagwortartig die Diskussion um die katastrophalen Arbeits- und Lebensverhältnisse der Arbeiterschaft in Industrie und Gewerbe. Nachdem die alte patriarchalische Ordnung, die eine gewisse soziale Absicherung über Grundherrschaft und Großfamilie beinhaltet hatte, zunehmend von einer neuen, mobileren Gesellschaft mit völlig veränderten Lebens- und Arbeitsverhältnissen abgelöst worden war, gab es unterschiedliche Ansichten, wie man den Missständen entgegentreten könnte.

Zunächst war es ein Aufstand, der die Aufmerksamkeit auf das Elend der schlesischen Weber zog. Die Weber produzierten in Heimarbeit an manuellen Webstühlen. Ein Verleger lieferte ihnen Garn und vermarktete die Produkte. Der Verleger drückte die Preise immer mehr mit dem Argument, dass die Ware auf dem Markt in Konkurrenz zu industriell gefertigten Produkten treten müsste. Die Weber versuchten durch lange Arbeitszeiten ihr Auskommen zu sichern. Doch der Wochenlohn sank 1844 auf ein Viertel gegenüber jenem von 1830 ab. Noch nicht einmal die Mitarbeit von Frauen und Kindern konnte die Not der Familien lindern. Eine Gruppe Weber forderte am 4. Juni vor der prächtigen Villa eines großen Verlegers gerechtere Löhne. Als die Forderungen abgelehnt wurden, begann der Aufstand. Die Villa wurde gestürmt, das Inventar zerschlagen, der Verleger flüchtete. Der Aufstand griff um sich, schließlich waren etwa 3 000 Lohnweber in Schlesien beteiligt. Sie revoltierten gegen die sich ständig verschlechternden Lebens- und Erwerbsbedingungen. Der Aufstand wurde durch das preußische Militär blutig niedergeschlagen. Der durch die Industrialisierung geschaffene neue Gegensatz zwischen Arbeiterschaft und Besitzbürgertum war erstmals

3 **„Hunger und Verzweiflung – Offizielle Abhilfe"**, Karikatur von 1844 aus der satirischen Zeitschrift „Fliegende Blätter"

sehr deutlich geworden. Die schlesischen Weber fanden weithin Sympathie für ihr Handeln. Vor Gericht wurden sie im März 1845 zwar zu Haftstrafen verurteilt, 1846 aber begnadigt.

Durch die Kartoffelfäulnis wurde 1845 die Situation der am Existenzminimum lebenden armen Bevölkerung katastrophal. Die Kartoffel war ein oder meist sogar das Hauptnahrungsmittel. 1843 waren die ersten Berichte über einen Krankheitsbefall der Pflanzen aus Amerika gekommen, ab 1845 breitete sich diese Fäulnis schon über weite Teile Westeuropas aus. Im dicht besiedelten Irland führte sie zu einer Hungerepidemie beispiellosen Ausmaßes, eine Million Menschen soll damals den Tod gefunden haben. Die Kartoffelseuche griff auch auf das Gebiet des Deutschen Bundes aus. Dazu kam, dass der Sommer 1845 kalt und verregnet war, die Getreideernte damit ebenfalls schlecht ausfiel. Die Nahrungsmittelpreise schnellten nach oben. Dies traf vor allem auch die große Zahl der Handwerksgesellen und der Lohn- und Heimarbeiter. Das Elend war unvorstellbar; Tod durch Hunger war allgegenwärtig, gleichzeitig gingen Seuchen mit der Hungerkatastrophe einher. In Oberschlesien starben 1847/48 mehr als 30 000 Menschen allein an Hungertyphus. Die Zahl der Auswanderer stieg sprunghaft an. Die Situation war überall angespannt. Um öffentliche Unruhen zu verhindern, wurden die Polizeikräfte häufig durch Militär ergänzt. In Berlin kam es im Frühjahr 1847 zur sogenannten „Kartoffelrevolution", bei der auf Plünderungen von Kartoffelständen und Lebensmittelläden mit dem Einsatz von Soldaten reagiert wurde. Als diese mit großer Härte vorgingen, beteiligten sich immer mehr Menschen an den Aufständen.

Die Obrigkeit in Preußen reagierte mit Unterdrückung auf die soziale Krise, nicht mit Hilfsmaßnahmen. Dies führte nicht nur bei den Betroffenen, sondern bis weit ins Bürgertum hinein zu großen Zweifeln am politischen Status quo. Das Vertrauen in den obrigkeitlichen Staat war nachhaltig erschüttert, er schien nicht in der Lage, die Krise zu meistern.

Das Bürgertum im Vormärz

Die Gesellschaft im Vormärz war auch jenseits der sozialen und wirtschaftlichen Situation von großen Gegensätzen geprägt. Dies wird gerade auch dann deutlich, wenn man das Bürgertum betrachtet.
Das 19. Jahrhundert wird häufig auch als das bürgerliche Jahrhundert bezeichnet. Damit soll der wirtschaftliche, soziale und später auch politische Aufstieg des Bürgertums hervorgehoben werden. Dabei waren es mit der zunehmenden Auflösung der ständischen Ordnung nicht länger die zünftig organisierten Handwerker und Kaufleute, die das Bürgertum verkörperten. Repräsentativ für diese Bevölkerungsschicht waren jetzt generell die Gebildeten und Besitzenden einer Stadt. Hierzu gehörten der Industrieunternehmer, der erfolgreiche Kaufmann und die Vertreter der Bildungsberufe, wie Ärzte, Apotheker, Rechtsanwälte, Gymnasiallehrer und hohe Verwaltungsbeamte. Kennzeichen des Milieus waren ein angesehener Beruf, wohlsituierte Vermögensverhältnisse, bürgerlicher Lebensstil und kulturelle Aktivität. Man traf sich zu gemeinsamen Veranstaltungen und schloss sich nach Interessen zu wissenschaftlichen, literarischen und musikalischen Zirkeln zusammen.
Vor dem Hintergrund der eigenen verantwortlichen Tätigkeiten und aufgrund guter Bildungsvoraussetzungen entfaltete sich bei einem Teil ein reges politisches Interesse, das sich nicht mehr nur auf die eigene Stadt bezog, sondern auf den Staat und die Nation. Liberale Grundüberzeugungen waren im Bürgertum, gerade auch in der Beamtenschaft, weit verbreitet.

Das Biedermeier

Andererseits führte die Enttäuschung über die politische Entwicklung mit der Gründung des Deutschen Bundes und seinen Zensurgesetzen dazu, dass sich viele Bürger ins Private und Häusliche zurückzogen, sodass man von „innerer Emigration" oder gar Resignation sprechen könnte. Die Kultur des Biedermeier entstand. Das eigene Haus wurde zum Lebensmittelpunkt und symbolisierte die Bedeutung der Familie und ihre schickliche, fromme Lebensführung. Bei der Idealfamilie dieses Lebensmodells sorgte der Hausherr nicht nur für das Auskommen der Familie, sondern bestimmte auch über die Zukunftsplanung der Familienmitglieder, d. h. den Beruf der Söhne und die Ehemänner der Töchter. Die Religion und die Kirche spielten eine große Rolle. Gerade für die Frauen bedeutete diese Zeit eine Festlegung auf einen als typisch weiblich angesehenen Bereich (Hauswesen, Kindererziehung) und eine entsprechende Verhaltensweise.
Der Begriff Biedermeier entwickelte sich aus der spöttischen Bezeichnung für eine idealtypische Person, den Herrn Biedermeier, der sein Leben entsprechend dieser kleingeistigen Häuslichkeit gestaltete. Heute wird er für die bürgerliche Kultur der Häuslichkeit in Kunst, Mode, Literatur und Lebensweise in der Zeit des Vormärz gebraucht.

Politisierung des Bürgertums

Die Zeit des Biedermeier ist aber genau auch jene eines großen Lesebedürfnisses, wieder offenbaren sich die gesellschaftlichen Gegensätze. Die staatlichen Bildungsprogramme griffen, immer mehr Menschen lernten in der ersten Hälfte des Jahrhunderts lesen. Dementsprechend breiteten sich auch die Druckererzeugnisse aus. Die vormals elitären Lesegesellschaften wurden von öffentlichen Lesekabinetten und vor allem von Leihbibliotheken abgelöst, die ein breites Publikum anzogen. Auch die Zahl der Verlage und Buchhandlungen stieg sprunghaft an. Dabei war gerade das politische Interesse eines Teils des Bürgertums Motor dieser Entwicklung.
Unter dem Begriff „Junges Deutschland" wurde schon 1835 eine Gruppe von Literaten gefasst, die sich äußerst kritisch mit den bestehenden Verhältnissen auseinandersetzte und die Beschränkungen der Zensur umging. Zu ihnen gehörten Heinrich Heine, Ludwig Börne, Georg Büchner und Georg Herwegh. Ihre Werke wurden wegen der Zensur oft im Ausland publiziert oder die Schriften mussten durch Doppeldeutigkeit und verdeckte Anspielungen den Kontrolleuren ein Schnippchen schlagen. Dennoch waren sie Bestseller, denn die Schriftsteller des „Jungen Deutschland" verstanden sich selbst als Journalisten, die aufklären wollten. „Wir leben in einer kritischen Epoche. Alles ist in Frage gestellt. Das große Examen der Welt hat begonnen", so beschrieb Heinrich Laube diese Einstellung. Daraus wurde die Verpflichtung abgeleitet, dass sich Literatur kritisch mit der bestehenden Gesellschaft und der Politik auseinandersetzen müsse. Deshalb wandte man sich bewusst an das „junge", nicht das „alte" Deutschland.
Diese Literatur, die Leihbibliotheken und die Lesekabinette, in denen auch Diskussionsrunden entstanden, trugen dazu bei, dass ein bedeutender Teil des Bürgertums am Vorabend der Revolution umfangreich mit kritischen Themen in Kontakt gekommen war und Reformmodelle kennen gelernt hatte. Nationales und liberales Gedankengut hatte sich trotz aller Zensurversuche weithin ausgebreitet, auch in scheinbar apolitischen Kreisen. Die Grundlagen für eine Politisierung des Bürgertums waren gelegt und reichten selbst bis in die Wohnzimmer des Biedermeier.
Dies zeigte sich auch an der Reaktion auf den Fall der „Göttinger Sieben". Ernst August von Hannover hatte am 1. November 1837 die Verfassung in Hannover außer Kraft gesetzt. Sieben Professoren der Universität Göttingen protestierten dagegen (darunter die Brüder Jacob und Wilhelm Grimm) und wurden deshalb fristlos entlassen. In kürzester Zeit wurden diese Sieben zum Symbol für die liberale Forderung nach einer verfassungsrechtlichen Neuordnung Deutschlands. Der Deutsche Bund, der die Vorgänge in Hannover tolerierte, geriet weithin in Misskredit.

Die politischen Strömungen am Vorabend der Revolution: Die nationale und liberale Bewegung

Die Nationalbewegung veränderte sich im Vormärz. In den ersten Jahrzehnten des 19. Jahrhunderts waren es hauptsächlich bildungsbürgerliche Kreise gewesen, vor allem an den Universitäten („elitäre Intellektuellenzirkel", Hans Ulrich Wehler), die diese Bewegung getragen hatten. Nun erweiterte sie sich zu einer zumindest städtischen Bewegung. Dem Wesen nach handelte es sich zunächst um einen gesellschaftlich, nicht primär politisch organisierten Nationalismus. Die Ziele wurden in der Freizeit, vor allem im Vereinswesen verfolgt. Man traf sich über Landesgrenzen hinweg zu gemeinsamen Wettkämpfen oder Festen. In den 1840er-Jahren waren es vor allem die Gesangs- und Turnvereine, die Männern die Möglichkeit boten, in geselligem Rahmen ihre nationale Einstellung zum Ausdruck zu bringen. Deutsche Sängerfeste fanden 1845–47 in Würzburg, Köln und Lübeck statt. Über 100 000 Männer sangen in den Vereinen, und

4 Einweihung des Gutenberg-Denkmals in Mainz, 1837
Bei der Einweihung des Denkmals versuchten die Behörden zu vermeiden, dass mit der kulturellen Leistung Gutenbergs auch eine symbolische Verbindung zur Pressefreiheit hergestellt wurde. Dennoch gelang es dem hessischen Schriftsteller Heinrich König beim Festbankett mit dem Ausruf „Hoch die Freiheit der deutschen Presse" den liberalen Forderungen Ausdruck zu geben.

mit der Aufhebung der Turnverbote blühte zu Beginn der 1840er-Jahre auch diese Bewegung wieder auf. Bereits 1842 fand ein nationales Turnfest mit großer Beteiligung in Mainz statt. Die Presse berichtete ausführlich und Umzüge sorgten dafür, dass auch viele Zuschauer von dem Ereignis angezogen wurden. Auch vonseiten der Obrigkeiten wurde die nationale Bewegung insoweit aufgegriffen, als die „deutsche Kulturnation" gefeiert und inszeniert wurde.
War der Nationalismus als Breitenbewegung bislang auf die Einigung der deutschen Staaten ausgerichtet, so entwickelte er ab 1840 auch einen ausgrenzenden und sogar chauvinistischen Zug. Dies zeigte sich im Zusammenhang mit der Rheinkrise (1840). Die französische Regierung unter Ministerpräsident Adolphe Tiers forderte mit großer Unterstützung durch die Presse nach Machtverlusten im Orient die Rheingrenze und beanspruchte damit die linksrheinischen Gebiete. Im Deutschen Bund stieß dies vor allem im Westen auf große Empörung. War 1832 Frankreich noch als „Vormacht der liberalen Weltidee" angesehen worden, wandte sich jetzt die nationale Stimmung gegen den Nachbarn im Westen. Lieder, die Franzosenangst und -hass schürten und die einigende Kraft des Nationalismus beschworen, wurden populär. Mehr noch als Max Schneckenburgers „Wacht am Rhein" erreichte Nikolaus Beckers „Sie sollen ihn nicht haben/den freien, deutschen Rhein" große Verbreitung. Dieses negative Frankreichbild reichte tief in die liberalen Schichten hinein. Jetzt setzten Überlegungen ein, ob nicht die Einheit der Freiheit in der Prioritätenliste voranzustellen sei. Auch bei einigen süddeutschen Liberalen, die bislang die Freiheit über die Einheit gestellt hatten, setzte sich mit der Rheinkrise die Überzeugung durch, dass die deutsche Frage eine Machtfrage sei, die nur mit der Großmacht Preußen gelöst werden könnte, nicht allein durch das „dritte", das „konstitutionelle" Deutschland. Mitbedingt durch die Rheinkrise, entwickelte sich der Nationalismus zu einer gesellschaftlichen Kraft mit immer konkreter und nachhaltiger formulierten politischen Zielen.
Mit der Konkretisierung dieser Ziele wurde aber auch deutlich, dass sich innerhalb der liberalen Bewegung sehr unterschiedliche politische Konzepte entwickelt hatten. Die gemäßigte Richtung vertrat eher den Reform- als den Revolutionsweg und wollte vor allem die Einführung von Verfassungen und parlamentarischen Rechten. Dabei konnte man sich eine Zusammenarbeit mit den bestehenden Regierungen durchaus vorstellen. Diese Auffassung wurde vor allem vom Besitzbürgertum vertreten. Wortführer dieser Richtung waren etwa David Hansemann und Heinrich von Gagern. David Hansemann war Bankier und Kaufmann aus Aachen, der sich intensiv für den Eisenbahnbau engagierte. Heinrich von Gagern wird im Zusammenhang mit der Paulskirche noch häufig erwähnt werden. Sein Lebenslauf liest sich wie das idealtypische Beispiel für einen gemäßigt Liberalen in der Mitte des 19. Jahrhunderts. Er hatte selbst noch gegen Napoleon gekämpft und war Mitglied einer Burschenschaft gewesen. Nach seinem Studium ging er in den Staatsdienst in Darmstadt und wurde als Abgeordneter in die Volkskammer gewählt. Er war an der Gründung der „Deutschen Zeitung" beteiligt. Diese Zeitung druckte 1847 auch das sogenannte Heppenheimer „Programm" (vgl. M 21) der gemäßigt Liberalen ab, an dessen Formulierung wiederum vor allem David Hansemann großen Anteil hatte.
Die zweite Gruppierung hatte radikalere Vorstellungen und strebte nach einer grundsätzlichen Demokratisierung. Ihre Anhänger unterstützten neben einer politischen auch eine soziale Revolution. Sie forderten nicht nur Freiheit, sondern auch Gleichheit. Die Volkssouveränität war die Grundlage des politischen Konzepts, welches unvereinbar mit dem monarchischen Prinzip war. Die Linke konnte sich somit in keiner Weise eine Zusammenarbeit mit den bestehenden Regierungen vorstellen, sondern forderte die republikanische Umgestaltung. Wortführer dieser Bewegung waren vor allem der Journalist Gustav von Struve und Friedrich Hecker. Letzterer war ein Advokat, der in Baden im Parlament saß und als Anhänger der republikanischen Idee zur Leitfigur der radikal-oppositionellen Gruppe aufstieg. Etwas gemäßigter waren die Ansichten Robert Blums aus Leipzig, der zum „berühmtesten Märtyrer" der Revolution von 1848 werden sollte.

Der politische Katholizismus

Mit den liberalen Forderungen wurde im 19. Jahrhundert eine teilweise scharfe Kirchen- und Religionskritik geäußert. Der Grundvorwurf lautete, die Religion behindere die persönliche Entfaltung und den Veränderungswillen der Menschen im Diesseits und vertröste sie auf das Jenseits. Zudem sah sich die katholische Kirche durch den Kölner Kirchenstreit in die Defensive gedrängt und fürchtete eine wachsende staatliche Einflussnahme auf Bereiche, die ihrer Meinung nach rein kirchlicher Natur waren. Die preußischen Rheinlande waren im Gegensatz zu den übrigen Gebieten Preußens katholisch geprägt. Der Konflikt zwischen Obrigkeit und katholischer Kirche eskalierte über die Frage nach der religiösen Erziehung von Kindern aus Mischehen so weit, dass der Kölner Erzbischof 1837 inhaftiert wurde. Dies löste eine Solidarisierungswelle in der Bevölkerung aus. Das Mobilisierungspotenzial eines politischen Katholizismus' erweiterte sich zusehends, da man sich in der Defensive gegenüber dem Obrigkeitsstaat fühlte. Katholische Vereinigungen und Publikationen stiegen sprunghaft an. Die Heilig-Rock-Wallfahrt nach Trier zog 1844 mehr als 500 000 Pilger an. Gleichzeitig entwickelten sich aber auch hier zwei Richtungen. Die eine bewegte sich eher in den traditionellen, auf Rom ausgerichteten Bahnen. Die andere Richtung orientierte sich hin zu einem Deutschkatholizismus, der eine Rom-unabhängige nationale Gegenkirche bilden wollte. 1847, am Vorabend der Revolution, zählte diese Vereinigung bereits 60 000 Mitglieder.

Der Konservativismus und die reaktionären Kräfte
Der politische Konservativismus betonte die Unantastbarkeit der tradierten Privilegien. Den liberalen Forderungen nach Verfassungen setzten die Konservativen die Legitimation der Fürstenherrschaft durch das Gottesgnadentum entgegen. Dennoch entwickelte sich in den 1840er-Jahren ein Reformkonservativismus, der Verbindungen zwischen dem monarchisch-ständischen und dem verfassungsrechtlichen Prinzip aufzeigte und so eine größere Integrationskraft entfaltete. Richtungsweisend waren die Überlegungen von Friedrich Julius Stahl, der von König Friedrich Wilhelm IV. 1840 an die Berliner Universität berufen wurde. Die Grundidee Stahls war die Vorstellung von einem christlichen Staat, der das Reich Gottes im Diesseits zu verwirklichen hatte und so seine „göttliche" Legitimation erhielt. Er akzeptierte aber gleichzeitig die moderne Staatsidee, die den Staat als Gemeinwesen, nicht mehr als privates, ständisches Herrschaftsgefüge ansah. Dementsprechend sollten Rechte und Freiheiten für die Allgemeinheit durch eine Verfassung geregelt und auch Mitbestimmungsrechte eröffnet werden. Damit hatte er zwei zentrale Schlagwörter der Liberalen, Verfassung und Mitbestimmung, in eine konservative Staatstheorie integriert. Dennoch blieb das Prinzip monarchisch, denn die gestaltende Macht im Staat wurde allein dem König zugeschrieben. Das Parlament sollte nur Wächter und Garant der Volksfreiheiten sein.
Mit dieser Theorie ebneten Stahl und weitere Konservative den Weg für eine politische Organisation des Konservativismus, da jetzt auch der Zusammenschluss in Parteiformen möglich war. Zudem übernahmen sie die Forderung nach einer staatlichen Einigung Deutschlands. Dies trachteten sie durch eine Reform des Deutschen Bundes zu erreichen. Erstmals schien eine Annäherung zwischen den liberalen Forderungen und den konservativen Kräften am Vorabend der Revolution möglich.
Große Hoffnungen wurden von der liberalen und nationalen Bewegung in Preußen, aber auch im gesamten Deutschen Bund, auf den Thronfolger in Preußen projiziert. Friedrich Wilhelm IV., der 1840 den Thron bestieg, galt als religiös und künstlerisch begabt. Er war weithin für seine romantischen Neigungen und seinen deutschen Nationalstolz bekannt. Die nationalen Hoffnungen wurden durch öffentliche Veranstaltungen, wie das Kölner Dombaufest im Jahre 1842, genährt. Die Liberalen deuteten die Lockerung der Zensur und die Berufung dreier Professoren aus den „Göttinger Sieben" nach Preußen als liberalen Aufbruch. Die Einberufung der „Vereinigten Ausschüsse", die sich aus Deputierten der Provinziallandtage zusammensetzten, wurde als Zeichen für die konstitutionelle Grundeinstellung Friedrich Wilhelms gewertet. Dies war jedoch ein Irrtum, Friedrich Wilhelm IV. war eher ein Vertreter eines historisch-patriarchalischen und ständischen Denkens, das durch eine romantisierende Mittelalter-Vorstellung, nicht aber durch einen modernen Konstitutionalismus geprägt war. Seiner Überzeugung gab er durch die Formulierung Ausdruck, auf Pergament geschriebene Staatsgrundgesetze drängten sich zwischen Gott, König und Volk.
Dennoch sah sich Friedrich Wilhelm IV. 1847 gezwungen, der öffentlichen Stimmung entgegenzukommen, denn er wollte in erster Linie ein populärer Herrscher sein. Er etablierte im Februar 1847 den „Vereinigten Landtag", der sich aus den Mitgliedern der Provinziallandtage zusammensetzte und nach Ständen aufgeteilt war. Der Landtag durfte nur auf Einberufung des Königs hin tagen. Er sollte über neue Steuern und über neue Gesetze nach Ermessen der Regierung entscheiden. Die Beratungen erfolgten strikt nach Ständen getrennt (70 Hochadelige, 237 Ritter, 306 Stadt- und Bauernvertreter mit Grundbesitz). Doch die Abgeordneten verstanden sich als Vertreter des preußischen Volkes, nicht als Vertreter der Stände. Als der König die Zustimmung zu einer Anleihe für den Eisenbahnbau zwischen Berlin und Königsberg forderte, wurde ihm dies vom Landtag verweigert. Die Abgeordneten wollten zunächst durchsetzen, dass sie periodisch und nicht mehr nur auf Berufung tagen durften. Dann wollten sie der eigentlich unstrittigen Anleihe zustimmen. Der König löste den Landtag auf, der Versuch, mit einer ständischen Vertretung der konstitutionellen Bewegung entgegenzuwirken, war gescheitert. Die nicht umgesetzten Forderungen nach einer Verfassung wurden in den März 1848 hineingetragen.

5 **„Zwischen mir und mein Volk soll sich kein Blatt Papier drängen", Friedrich Wilhelm IV. als Verfassungsgegner**, Karikatur von 1848

6 Bevölkerungswachstum in Preußen

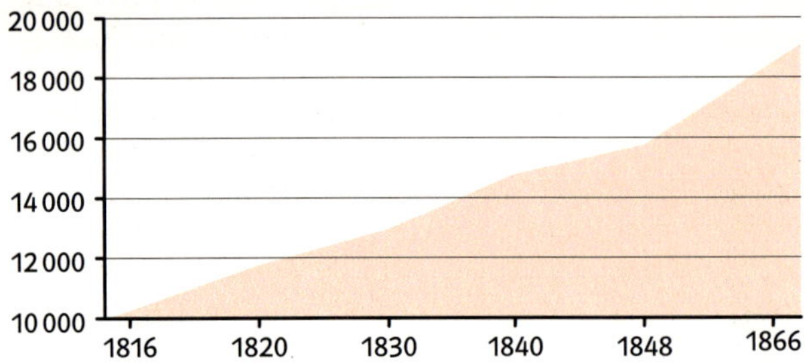

Zahlen nach: Hans-Ulrich Wehler: Deutsche Gesellschaftsgeschichte. Bd. 2, München 1996, S. 10

7 Entwicklung der landwirtschaftlichen Produktivität je Arbeitskraft, 1800–1841

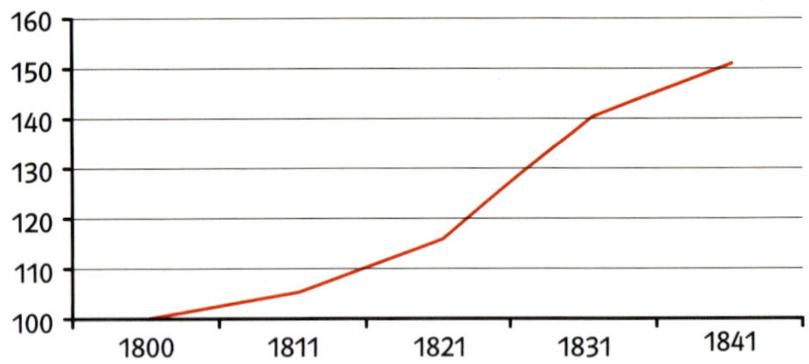

Um die Entwicklung zu zeigen, wird das Jahr 1800 mit dem Index 100 definiert.

Zahlen nach: Hans-Ulrich Wehler: Deutsche Gesellschaftsgeschichte. Bd. 2, München 1996, S. 45

8 Die Beschäftigung in den Wirtschaftssektoren 1780 und 1850 im Vergleich

	1780	1850
1. Sektor (Landwirtschaft)	65 %	55 %
2. Sektor (Gewerbe)	19 %	24 %
3. Sektor (Dienstleistung)	16 %	21 %

Zahlen hier nach: Heinz Dieter Schmid (Hrsg.): Fragen an die Geschichte 3. Frankfurt a. M. 1981, S. 202

9 Beschäftigte im preußischen Handwerk

Jahr	Meister	Gehilfen	Bevölkerungsanteil in %
1816	259 000	145 000	3,9
1831	334 000	188 000	4,0
1840	396 000	280 000	4,5
1846	457 000	385 000	5,2
1849	535 000	407 000	5,8

Zahlen nach: Hans-Ulrich Wehler: Deutsche Gesellschaftsgeschichte. Bd. 2, München 1996, S. 74

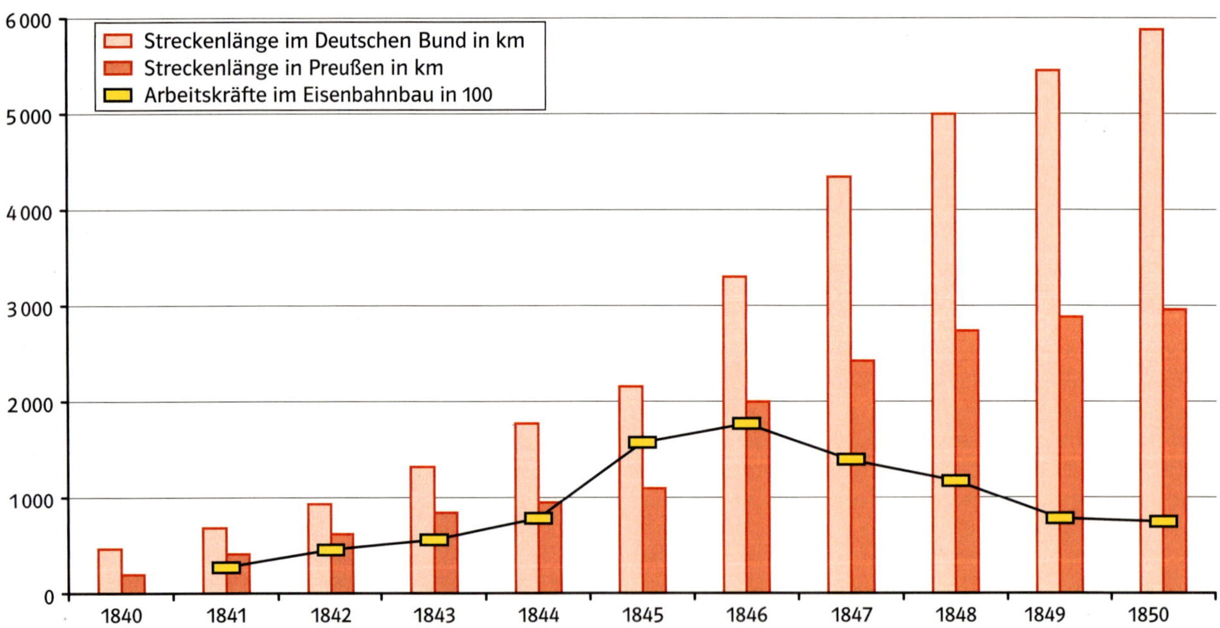

Zahlen nach: Hans-Ulrich Wehler: Deutsche Gesellschaftsgeschichte. Bd. 2, München 1996, S. 615

10 Der Eisenbahnbau

11 Friede den Hütten! Krieg den Palästen!

Georg Büchner distanzierte sich selbst vom „Jungen Deutschland" und ist dennoch einer der bekanntesten Vertreter der kritischen Literatur des Vormärz. Als Medizinstudent, der schon in der Praxis seines Vaters viel mit dem Leiden der Landbevölkerung in Kontakt gekommen war, verfasste er die folgende Flugschrift, die im Juli 1834 im „Hessischen Landboten" veröffentlicht wurde. Büchner selbst musste bald schon vor den Zensurbehörden nach Straßburg fliehen.

Dieses Blatt soll dem hessischen Lande die Wahrheit melden, aber wer die Wahrheit sagt, wird gehängt; ja sogar der, welcher die Wahrheit liest, wird durch meineidige Richter vielleicht gestraft. Darum haben die, welchen dies Blatt zukomt, Folgendes zu beachten:

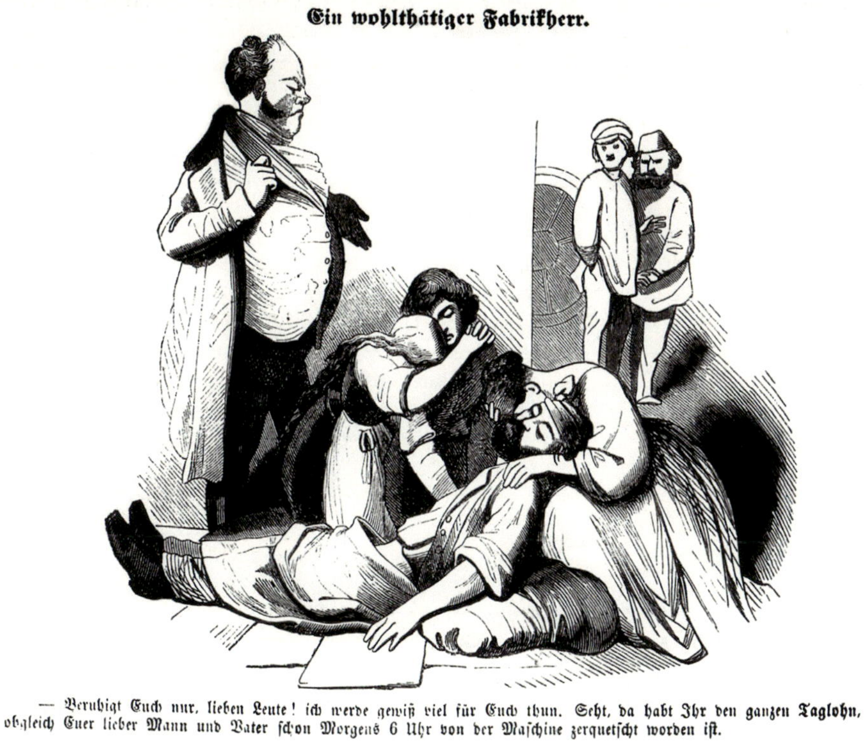

12 Ein wohlthätiger Fabrikherr, Karikatur aus dem Eulenspiegel, 1848
„Beruhigt euch nur, [Ihr] lieben Leute! Ich werde gewiss viel für Euch thun. Seht, da habt Ihr den ganzen Taglohn, obgleich Euer lieber Mann und Vater schon Morgens 6 Uhr von der Maschine zerquetscht worden ist."

1. Sie müssen das Blatt sorgfältig außerhalb ihres Hauses vor der Polizei verwahren;
2. sie dürfen es nur an treue Freunde mitteilen;
3. denen, welchen sie nicht trauen wie sich selbst, dürfen sie es nur heimlich hinlegen;
4. würde das Blatt dennoch bei einem gefunden, der es gelesen hat, so muss er gestehen, dass er es eben dem Kreisrat habe bringen wollen;
5. wer das Blatt nicht gelesen hat, wenn man es bei ihm findet, der ist natürlich ohne Schuld.

Friede den Hütten! Krieg den Palästen!
Im Jahre 1834 sieht es aus, als würde die Bibel Lügen gestraft. Es sieht aus, als hätte Gott die Bauern und Handwerker am fünften Tage und die Fürsten und Vornehmen am sechsten gemacht, und als hätte der Herr zu diesen gesagt: „Herrschet über alles Getier, das auf Erden kriecht", und hätte die Bauern und Bürger zum Gewürm gezählt.

Das Leben der Vornehmen ist ein langer Sonntag: Sie wohnen in schönen Häusern, sie tragen zierliche Kleider, sie haben feiste Gesichter und reden eine eigne Sprache; das Volk aber liegt vor ihnen wie Dünger auf dem Acker. Der Bauer geht hinter dem Pflug, der Vornehme aber geht hinter ihm und dem Pflug und treibt ihn mit den Ochsen am Pflug, er nimmt das Korn und lässt ihm die Stoppeln. Das Leben des Bauern ist ein langer Werktag; Fremde verzehren seine Äcker vor seinen Augen, sein Leib ist eine Schwiele, sein Schweiß ist das Salz auf dem Tische des Vornehmen. [...]
Die Justiz ist in Deutschland seit Jahrhunderten die Hure der deutschen Fürsten. Jeden Schritt zu ihr müsst ihr mit Silber pflastern, und mit Armut und Erniedrigung erkauft ihr ihre Sprüche. [...]
Ihr dürft euern Nachbar verklagen, der euch eine Kartoffel stiehlt; aber klagt einmal über den Diebstahl, der von Staats wegen unter dem Namen von Abgaben und Steuern jeden Tag an eurem Eigentum begangen wird, damit eine Legion unnützer Beamter sich von eurem Schweiße mästen; klagt einmal, dass ihr der Willkür einiger Fettwänste überlassen seid und dass diese Willkür Gesetz heißt, klagt, dass ihr die Ackergäule des Staates seid, klagt über eure verlornen Menschenrechte [...]
Geht einmal nach Darmstadt und seht, wie die Herren sich für euer Geld dort lustig machen, und erzählt dann euern hungernden Weibern und Kindern, dass ihr Brot an fremden Bäuchen herrlich angeschlagen sei; [...] und dann kriecht in eure rauchigen Hütten und bückt euch auf euren steinigen Äckern.
Das alles duldet ihr, weil euch Schurken sagen, diese Regierung sei von Gott. Diese Regierung ist nicht von Gott, sondern vom Vater der Lügen. Diese deutschen Fürsten sind keine rechtmäßige Obrigkeit, sondern die rechtmäßige Obrigkeit, den deutschen Kaiser, der vormals vom Volke frei gewählt wurde, haben sie seit Jahrhunderten verachtet und endlich gar verraten. Aus Verrat und Meineid, und nicht aus der Wahl des Volkes, ist die Gewalt der deutschen Fürsten hervorgegangen, und darum ist ihr Wesen und Tun von Gott verflucht. [...]

Zit. nach: Werner R. Lehmann (Hrsg.): Georg Büchner, Sämtliche Werke und Briefe, 2. Hamburg 1971, S. 344 ff.

13 Agrarpreise in Preußen 1844–1848

	Roggen	Weizen	Gerste	Hafer	Kartoffeln
1844	40	57	32	21	13
1845	51	65	38	26	14
1846	70	86	50	33	21
1847	87	110	67	40	40
1848	38	62	32	22	17

Zahlen nach: Hans-Ulrich Wehler: Deutsche Gesellschaftsgeschichte. Bd. 2, München 1996, S. 643

3

14 Auswanderung aus dem Gebiet des Deutschen Bundes

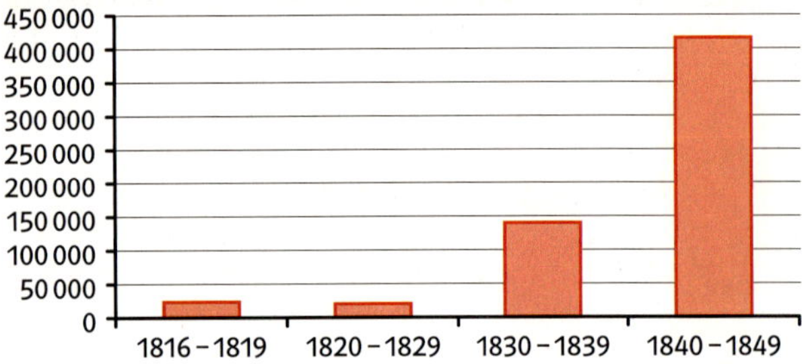

Zahlen nach: Hans-Ulrich Wehler: Deutsche Gesellschaftsgeschichte. Bd. 2, München 1996, S. 17

15 Karl von Sparre: Wie man das Elend bekämpft – die Auswanderung als Nationalsache

Karl von Sparre war Landrat im Kreis Wetzlar. Er schrieb 1847 die Abhandlung zu „Auswanderungen und Ansiedlungen der Deutschen als Nationalsache" unter dem Eindruck des Pauperismus, um aus seinen Erfahrungen heraus Ratschläge für die Regierungen zu erteilen.

[...] Diese vorzüglichen Eigenschaften machen den Deutschen nun recht eigentlich geschickt, in fremden Ländern mit Glück Ansiedlungen zu begründen, und befähigen ihn, seine Kultur unter den Völkern der Erde zu verbreiten. Seine geistige und moralische Kraft, seine Bildung sind das Ferment für die Weltbildung, und darum scheint er von der Vorsehung berufen, der Träger und Förderer dieser allgemeinen Weltbildung zu werden. [...] Nicht minder notwendig als jenes allgemeine Kulturbedürfnis erscheint die Auswanderung für den eigenen Staat, um die physische Existenz und dadurch die politisch-soziale zu erhalten.

Die Lebensmittel eines Landes, durch eigenen Boden und Arbeit oder durch Tauschwerte herbeigeschafft, müssen nach der Naturhaushaltung immer in gemessenem, zureichenden Verhältnis zu der Menschenmasse stehen. Wird dieses dadurch verrückt, dass mehr Menschen auf diesem Erdfleck existieren wollen, so müssen sie anfangen, den Genuss zu beschränken, und werden damit endigen, dass sie auch die allernotwendigste Leibesnahrung nicht mehr finden. [...]

Überbevölkerung ist nicht erst dann vorhanden, wenn die Menschen sich gleichsam aufessen, sondern auch schon dann, wenn sie ihre Leiber mit der gemeinsten Nahrung füllen und, schlimmer wie das Tier, ihre ganze Tätigkeit nur auf diese Lebenserhaltung verwenden müssen und an eine wahre geistige Erhebung und Fortbildung nicht gedacht werden kann.

In diesem Zustande der Überbevölkerung befinden sich nun mehrere Provinzen und Orte in Deutschland, und für sie existiert also das physische Bedürfnis der Auswanderung, abgesehen von der moralischen Notwendigkeit, dass jeder Staatsbürger seinem höhern Menschheitszweck im Vaterlande muss genügen können.

Aber mit der physischen Existenz ist auch zugleich die politische und soziale Ordnung im Staate bedroht. [...] Wird diese, von der physischen und moralischen Menschennatur, von einem höhern Wesen gebotene Auswanderung nicht zugelassen oder beschränkt, so wird die Rache früh oder spät kommen. Die Menschen werden sich einander verderben, aufreiben, werden physisch und geistig verkrüppeln; ihre tierische Natur wird hervortreten, und über die höhere geistige siegen, damit aber wird sein – das Ende der Staaten.

Schon beginnt hin und wieder auch in Deutschland die Fäulnis durch Pauperismus und Proletariat, und wird auch die gesündesten Glieder angreifen, wenn der Wink nicht verstanden werden will, den die Vorsehung durch Witterungs-Katastrophen zuzeiten hernieder sendet, um den Krebs aus dem Staatsorganismus herauszuschneiden.

16 Der schlafende Deutsche Michel,
Karikatur, um 1848
Um den schlafenden deutschen Michel gruppieren sich oben links Papst Gregor XVI., davor (von links) Metternich, der russische Zar Nikolaus I. und rechts ein Franzose in Uniform. Rechts vorne ist eine Bulldogge für das britische Reich zu sehen.

Dazu gehört aber eine geschickte und zugleich feste Hand, und unsere Staatskünstler sind zaghaft und glauben noch immer durch Palliative[1] zu helfen, die Armen zu füttern, statt die, welche vor gänzlicher Hilflosigkeit sich noch retten wollen, dahin zu verweisen, wo sie fortwährend Arbeit, lohnenden Verdienst und Brot finden.
Unsere Eisenbahnarbeiten und Kanalgrabungen sind bloße Notbehelfe: sie verdecken zeitweilig, sie verlängern das Übel und schieben es nur hinaus, ohne ihm gründlich abzuhelfen. Man wird nach Jahren endlich in den überseeischen Auswanderungen die einzige Hilfe erblicken, die dann vielleicht nur eine halbe sein wird, weil sie zu spät kam.

Zit. nach: Karl von Sparre: Die Auswanderungen und Ansiedlungen der Deutschen als Nationalsache, Gießen 1847, Auszug, S. 8–10; zit. nach: Hans Fenske: Vormärz und Revolution, 1840–1849. Darmstadt 1976, S. 178 ff.

[1] Gemeint: Staatshilfen.

17 Politische Lieder und Gedichte des Vormärz

a) Der deutsche Rhein.

Der Text des Liedes wurde 1840 von Nikolaus Becker gedichtet. Er erhielt dafür Anerkennung sowohl vom preußischen als auch vom bayerischen König. Das „Rheinlied" verbreitete sich schnell in allen deutschen Staaten.

Sie sollen ihn nicht haben,
Den freien deutschen Rhein,
Ob sie wie gier'ge Raben
Sicher heiser danach schrein,

Solang er ruhig wallend
Sein grünes Kleid noch trägt,
Solang ein Ruder schallend
In seine Woge schlägt.

Sie sollen ihn nicht haben,
Den freien deutschen Rhein,
Solang sich Herzen laben,
An seinem Feuerwein;

Solang in seinem Strome
Noch fest die Felsen stehn
Solang sich hohe Dome
In seinem Spiegel sehn.

Sie sollen ihn nicht haben,
Den freien deutschen Rhein,
Solang dort kühne Knaben
Um schlanke Dirnen frein;

Solang die Flosse hebet
Ein Fisch auf seinem Grund,
Solang ein Lied noch lebet
In seiner Sänger Mund;

Sie sollen ihn nicht haben,
Den freien deutschen Rhein,
Bis seine Flut begraben
Des letzten Manns Gebein!

Zit. nach: Wolf-Dietrich Gumz, Frank J. Hennecke (Hrsg.): Rheinreise. Gedichte und Lieder. Eine Textsammlung. Stuttgart 1986, S. 235 f.

b) Die Wacht am Rhein

Der Text wurde 1840 von Max Schneckenburger gedichtet und 1854 von Karl Wilhelm vertont. 1870 und 1914 wurde es zum Kampflied deutscher Soldaten, die gegen Frankreich in den Krieg zogen.

Es braust ein Ruf wie Donnerhall,
wie Schwertgeklirr und Wogenprall:
Zum Rhein, zum Rhein, zum deutschen Rhein!
Wer will des Stromes Hüter sein?
Lieb Vaterland magst ruhig sein,
lieb Vaterland magst ruhig sein:
Fest steht und treu die Wacht, die Wacht am Rhein!
Fest steht und treu die Wacht, die Wacht am Rhein!

Durch Hunderttausend zuckt es schnell,
und aller Augen blitzen hell;
Der Deutsche, bieder, fromm und stark
beschützt die heil'ge Landesmark.
Lieb Vaterland magst ruhig sein,
lieb Vaterland magst ruhig sein:
Fest steht und treu die Wacht, die Wacht am Rhein!
Fest steht und treu die Wacht, die Wacht am Rhein!

Er blickt hinaus in Himmelsau'n,
da Heldenväter niederschau'n,
und schwört mit stolzer Kampfeslust:
Du Rhein bleibst deutsch wie meine Brust!
Lieb Vaterland magst ruhig sein,
lieb Vaterland magst ruhig sein:
Fest steht und treu die Wacht, die Wacht am Rhein!
Fest steht und treu die Wacht, die Wacht am Rhein!

Solang ein Tropfen Blut noch glüht,
noch eine Faust den Degen zieht,
und noch ein Arm die Büchse spannt,
betritt kein Feind hier deinen Strand!
Lieb Vaterland magst ruhig sein,
lieb Vaterland magst ruhig sein:
Fest steht und treu die Wacht, die Wacht am Rhein!
Fest steht und treu die Wacht, die Wacht am Rhein!

Der Schwur erschallt, die Woge rinnt
die Fahnen flattern hoch im Wind:
Am Rhein, am Rhein, am deutschen Rhein
wir alle wollen Hüter sein.
Lieb Vaterland magst ruhig sein,
lieb Vaterland magst ruhig sein:
Fest steht und treu die Wacht, die Wacht am Rhein!
Fest steht und treu die Wacht, die Wacht am Rhein!

Zit. nach: Wolf-Dietrich Gumz, Frank J. Hennecke (Hrsg.): Rheinreise. Gedichte und Lieder. Eine Textsammlung. Stuttgart 1986, S. 233 f.

18 Inszenierung der Kulturnation

a Das Kölner Dombaufest, Zeichnung von G. Osterwaldt, 1842

Viele Bürger interpretierten die Wiederaufnahme der Bauarbeiten am Kölner Dom, der seit der Reformation unvollendet geblieben war, als nationales Symbol des gemeinsamen Aufbruchs. Das Dombaufest 1842 besuchten der preußische König Friedrich Wilhelm IV. und der österreichische Erzherzog Johann gemeinsam und schürten damit noch mehr Hoffnungen auf eine Einigungspolitik.

b) Aus der Rede Friedrich Wilhelms IV. anlässlich des Dombaufestes 1842:

„Der Dom, dessen Grundstein gelegt wird, ist das Werk des Brudersinns aller Deutschen, aller Bekenntnisse [...] Hier [...] sollen sich die schönsten Tore der ganzen Welt erheben, Deutschland baut sie, so mögen sie für Deutschland, durch Gottes Gnade, Tore einer neuen großen guten Zeit werden [...] Nie finde dieser Weg das ehrlose Untergraben der Einigkeit deutscher Fürsten und Völker, das Rütteln an dem Frieden der Konfessionen und der Stände [...] nie ziehe jemals wieder der Geist hier ein, der einst den Bau des Gotteshauses, ja den Bau des Vaterlandes hemmte. Der Geist, der diese Tore baut, ist derselbe, der vor 29 Jahren unsere Ketten brach, die Schmach des Vaterlandes, die Entfremdung dieser Ufer wandte. Derselbe Geist, der vor zwei Jahren der Welt zeigte, dass er in ungeschwächter Jugendkraft da sei. Es ist der Geist deutscher Kraft und Einigkeit. [...] <Der Dom> verkünde den späteren Geschlechtern von einem durch die Einigkeit seiner Fürsten und Völker großen, mächtigen, ja den Frieden der Welt unblutig erzwingenden Deutschland – von einem durch die Herrlichkeit des großen Vaterlandes und durch eigenes Gedeihen glücklichen Preußen, von dem Brudersinn der verschiedenen Bekenntnisse, die inne geworden, dass sie eines sind in dem einigen göttlichen Haupte.

Zit. nach: Walter Bußmann: Zwischen Preußen und Deutschland. Friedrich IV. Eine Biographie. Berlin 1990, S. 175

c Leo von Klenze, Ansicht der Walhalla bei Regensburg, 1836, St. Petersburg, Eremitage

d) Erklärung des Baus der Walhalla im Internetauftritt:
Die Vorgeschichte des Baues geht zurück auf die Zeit tiefer Erniedrigung Deutschlands. Als Napoleon 1807 die Preußen niedergeworfen hatte, fasste der zwanzigjährige Kronprinz Ludwig von Bayern den Plan, die »rühmlich ausgezeichneten Teutschen« in einem Ehrentempel des Vaterlandes zu vereinen. Zur Eröffnung der Walhalla findet der König die sinnstiftenden Worte für sein Bauwerk. Seine Idee »von der Erstarkung und der Vermehrung deutschen Sinnes« und eines – zumindest kulturpolitisch gemeinten »gemeinsamen Vaterlandes« will er in allen Besuchern der Ruhmeshalle durch die Versammlung deutscher Geistes- und Geschichtsgrößen wecken und vertiefen. Der im Jahr 2005 verstorbene Regensburger Kulturhistoriker Jörg Traeger formuliert in prägnanter Kürze: »Im 19. Jahrhundert war die Nation ein Glaube, die Kunst gab ihr Ausdruck«. Die Existenz der Walhalla ist ohne König Ludwig I. nicht denkbar. [...].

Zit. nach: http://www.walhalla-regensburg.de/deutsch/index.shtml (Zugriff am 21.07.2009)

e) Weitere Erklärung des Baus:
Die Walhalla bei Regensburg, ein monumentaler Marmorbau nach dem Muster des Parthenon [auf der Akropolis von Athen], wurde in den Jahren zwischen 1830 und 1842 errichtet; sie beruhte auf einem Entwurf Leo von Klenzes, gegen den Peter von Cornelius schwere Bedenken erhoben hatte: „Warum soll das größte und nur deutsche Ehrenmal so absolut griechisch sein?“ Der Bau spiegelt das Bemühen wider, ein für die Deutschen verbindliches Nationaldenkmal zu schaffen. [...] Ludwig ließ sich von Gelehrten über die Auswahl der zu Verewigenden beraten. [...] Im nördlichen Giebelfenster fand die Hermannsschlacht ihren Platz. [...] In der Mitte der Konzeption dieses Bauwerks, das Ludwig aus eigenen Mitteln finanzierte, standen die „Befreiungskämpfe, die Befreiung von der Fremdherrschaft der Römer sowie der Kampf gegen Napoleon“. Die Gründung des Deutschen Bundes sollte nach der Konzeption des Bauherrn den glücklichen Abschluss der deutschen Geschichte versinnbildlichen (südliches Giebelfenster), da Ludwig I. in dieser föderalen Organisation eine wünschenswerte Form des Zusammenlebens der Deutschen erkannte.

Zit. nach: Walter Bußmann: Zwischen Preußen und Deutschland. Friedrich IV. Eine Biographie. Berlin 1990, S. 182

19 Wilhelm Jordan, Ihr träumt! Weckruf an die ... Deutschen, 1845

Wilhelm Jordan studierte Theologie und Philosophie, arbeitete ab 1844 als Schriftsteller und Publizist. Er war 1848 Abgeordneter der Paulskirche, gehörte zunächst den Demokraten an, schwenkte dann zur Rechten.

He! Deutschland, besinne Dich doch! Reibe Dir den Schlaf aus den Augen, denn Du träumst ja schon wieder!
... Keine Antwort! Deutschland hört nicht; es träumt und kehrt im Träume in seine Vergangenheit zurück. [...]. Die Welt ist fortgegeben, Du hast den Himmel zu Deinem Erbteil bekommen! Andere Völker revolutionieren auf Erden: Deine Revolutionen gehen im Himmel vor sich, denn die Reformation war ja Deine Revolution. Hat sie Dir so ausnehmend gefallen, dass Du sie noch einmal von vorn durchmachen willst? Horch, auf allen Meeren ertönt das stolze „Rule Britannia!“ England ist ein Aar, der auf kleinem Eiland horstet, aber seine Fittiche, seine Segelschwingen sind ausgebreitet über alle Meere, und seine Fänge umkrallen den Erdball. Es beherrscht die Welt mit seinem Dreizack, und die Schätze aller Länder strömen zusammen, beizusteuern zur Pracht und zum Genuss der stolzen Meereskönigin. Der ärmste Brite schreitet selbstbewusst und sicher einher in den entlegensten Ländern. „Wehe dem, der mich antastet!“ kann er rufen, „ich bin ein Brite, und hinter mir hab' ich ein Volk, hinter mir Hunderte schwimmender Vulkane, die rächend und vernichtend ihre Flammen spien gegen die Küste, die mich ungastlich empfangen und beleidigt!“
Und der Deutsche? O Schmach und Schande! Tausend und aber Tausende unseres Volkes werden von blutsaugerischen Spekulanten hinausgelockt durch gleißende Vorspiegelungen über ferne Meere, und betreten sie die Küsten fieberpestiger Länder, so sind sie wie Leibeigene verfallen der frechen Willkür, die ihre Arbeitskraft ausbeutet, solange sie noch ein Glied zu regen vermögen, und die armen Leichtgläubigen dann hohnlachend hinaus stößt ins Elend, wo ihre Gebeine bald bleichen unter der glühenden Sonne giftiger Sumpfgegenden! Sie suchten eine Heimat und fanden ein Grab. Aber wenn ihr Geschick auch verlautbart, was machen sich daraus die Seelenverkäufer? „Es sind ja nur Deutsche!“, lachen sie sich grinsend ins Fäustchen, und wer fürchtete sich vor Deutschland? Deutschland ist ohnmächtig; es hat kein Recht, weil es keine Kraft hat.
Und warum haben wir vierzig Millionen keine Kraft? Warum kann mit uns vierzig Millionen die ganze Welt ein schändliches Spiel treiben? Sind unsre Leiber so entnervt? Sind unsre Fäuste zu schwach, sich um ein Schwert zu krallen? Geht rund um die Erde und seht, ob ihr ein gesünder, ob ihr ein stärker Menschengeschlecht findet! Ha, Ihr vierzig Millionen, wenn Ihr wolltet, die Welt müsste zittern vor eurer Macht!
Und warum hat Deutschland keinen Willen? Weil es immer nur träumt, anstatt zu handeln, weil es im Himmel herumduselt und darüber vergisst, sich's auf der Erde wohnlich und bequem zu machen, weil es auf hochtrabende Philosophenphrasen hört, statt auf den gesunden Menschenverstand; weil wir ein ideales Volk sind, das nur schwärmen und höchstens aus Schwärmerei handeln, niemals aber frisch und unbefangen an die Wirklichkeit Hand anlegen kann. [...]
Ihr Vierzig Millionen! habt endlich einen Willen!

Zit. nach: Hans Fenske: Vormärz und Revolution, 1840–1849. Darmstadt 1976, S. 157–164

20 Das Offenburger Programm, 12. September 1847

Mit dieser Proklamation der „Forderungen des Volkes in Baden“ wurde 1847 ein Programm der demokratischen Bewegung umrissen.

1. Wiederherstellung unserer verletzten Verfassung
Art. 1. Wir verlangen, dass sich unsere Staatsregierung lossage von den Karlsbader Beschlüssen vom Jahre 1819, [...]. Diese Beschlüsse verletzen gleichmäßig unsere unveräußerlichen Menschenrechte wie die deutsche Bundesakte und unsere Landesverfassung.
Art. 2. Wir verlangen Pressfreiheit: das unveräußerliche Recht des menschlichen Geistes, seine Gedanken unverstümmelt mitzuteilen, darf uns nicht länger vorenthalten werden.
Art. 3. Wir verlangen Gewissens- und Lehrfreiheit. Die Beziehungen des Menschen zu seinem Gott gehören seinem innersten Wesen an, und keine äußere Gewalt darf sich anmaßen, sie nach ihrem Gutdünken zu bestimmen.

Jedes Glaubensbekenntnis hat daher Anspruch auf gleiche Berechtigung im Staat. Keine Gewalt drängt sich mehr zwischen Lehrer und Lernende. Den Unterricht scheide keine Konfession.

Art. 4 Wir verlangen Beeidigung des Militärs auf die Verfassung. Der Bürger, welchem der Staat die Waffen in die Hand gibt, bekräftige gleich den übrigen Bürgern durch einen Eid seine Verfassungstreue.

Art. 5 Wir verlangen persönliche Freiheit. Die Polizei höre auf, den Bürger zu bevormunden und zu quälen. Das Vereinsrecht, ein frisches Gemeindeleben, das Recht des Volks, sich zu versammeln und zu reden, das Recht des Einzelnen, sich zu ernähren, sich zu bewegen und auf dem Boden des deutschen Vaterlandes frei zu verkehren, seien hinfür ungestört.

II. Entwicklung unserer Verfassung

Art. 6. Wir verlangen Vertretung des Volks beim deutschen Bund. Dem Deutschen werde ein Vaterland und eine Stimme in dessen Angelegenheiten, Gerechtigkeit und Freiheit im Innern, eine feste Stellung dem Ausland gegenüber gebühren uns als Nation.

Art. 7. Wir verlangen eine volkstümliche Wehrverfassung. Der waffengeübte und bewaffnete Bürger kann allein den Staat schützen. Man gebe dem Volk Waffen und nehme von ihm die unerschwingliche Last, welche die stehenden Heere ihm auferlegen.

Art. 8. Wir verlangen eine gerechte Besteuerung. Jeder trage zu den Lasten des Staates nach Kräften bei. An die Stelle der bisherigen Besteuerung trete eine progressive Einkommenssteuer.

Art.9. Wir verlangen, dass die Bildung durch Unterricht allen gleich zugänglich werde. Die Mittel dazu hat die Gesamtheit in gerechter Verteilung aufzubringen.

Art. 10. Wir verlangen Ausgleichung des Missverhältnisses zwischen Arbeit und Kapital. Die Gesellschaft ist schuldig, die Arbeit zu heben und zu schützen.

Art. 11. Wir verlangen Gesetze, welche freier Bürger würdig sind und deren Anwendung durch Geschworenengerichte. Der Bürger werde von dem Bürger gerichtet. Die Gerechtigkeitspflege sei die Sache des Volks.

Art. 12. Wir verlangen eine volkstümliche Staatsverwaltung. Das frische Leben eines Volks bedarf freier Organe. Nicht aus der Schreibstube lassen sich seine Kräfte regeln und bestimmen. An die Stelle der Vielregierung der Beamten trete die Selbstregierung des Volks.

Art. 13. Wir verlangen Abschaffung aller Vorrechte. Jedem sei die Achtung freier Mitbürger einziger Vorzug und Lohn.

Zit. nach: Wolfgang Hardtwig, Helmut Hinze (Hrsg.): Deutsche Geschichte in Quellen und Darstellung 7. Stuttgart 1997; S. 323 f.

21 Das Heppenheimer Programm der gemäßigt Liberalen, 1847

Bericht des Journalisten Karl Mathy, der selbst bei der Tagung mitgearbeitet hatte, in der Deutschen Zeitung vom 15. Oktober 1847

Was nun zunächst die Förderung der Nationalanliegen durch gemeinsame Leistung und Vertretung betrifft so war man darüber einig, dass von der Bundesversammlung, wie sie gegenwärtig besteht, nichts Erspießliches zu erwarten sei. Dieselbe hat ihre in der Bundesakte vorgezeichnete Aufgabe, soweit sie die Herstellung landständischer Verfassungen, freien Handels und Verkehrs, der Flussschifffahrt, des freien Gebrauchs der Presse, usw. betrifft, nicht gelöst; die Bundesmilitärverfassung hat weder eine allgemeine Volksbewaffnung, noch ein gleichmäßig organisiertes Bundesheer geliefert. Dagegen ist die Presse unter Zensurzwang gestellt, sind die Verhandlungen der Bundesversammlung in Dunkel gehüllt, aus welchem von Zeit zu Zeit Beschlüsse zutag kommen, welche jeder freien Entwicklung Hindernisse in den Weg legen.

Das einzige Band gemeinsamer deutscher Interessen, der Zollverein, wurde nicht vom Bunde, sondern außerhalb desselben, durch Verträge zwischen den einzelnen Staaten geschaffen; auch die Verhandlungen über ein deutsches Wechselrecht und einen Postverein werden nicht vom Bunde, sondern von Bevollmächtigten der Einzelregierungen gepflogen.

An diese und ähnliche Betrachtungen knüpfte sich die Frage: Ob eine Vertretung der Nation bei der Bundesversammlung Besserung bewirken und daher als Strebeziel der Vaterlandsfreunde aufzustellen sei? Für die Bejahung sprach die Empfänglichkeit der Gemüter für den erhebenden Gedanken, die Erwägung, dass nur bei dem gegebenen Organ der Bundesregierungen eine Vertretung aller Bundesstaaten zu begründen möglich sei, und die Erwartung, dass die erstarkende öffentliche Meinung auch die Verwirklichung erzielen und damit die Bahn zu einer deutschen Politik und einer kräftigen Entwicklung aller geistigen und materiellen Hilfsquellen der Nation eröffnet werde. Dem entgegen wurde ausgeführt, dass, bei aller Erhabenheit des Gedankens, doch eine Aussicht auf Verwirklichung nicht vorhanden sei. [...]

Das Ziel der Einigung Deutschlands zu einer deutschen Politik und gemeinsamer Leitung und Pflege nationaler Interessen werde wohl eher erreicht, wenn man die öffentliche Meinung für die Ausbildung des Zollvereins zu einem deutschen Vereine gewinne. Hier habe man schon eine, wenn auch mangelhafte, Verwaltung, welche die Verbesserungen, deren sie dringend bedarf, und eine Vertretung von Notabeln, die von den Kammern und andern Körperschaften der Vereinsstaaten zu wählen seien, zur Seite erhalten könnte. Jetzt schon habe der Zollverein die Leitung einer Reihe wichtiger gemeinschaftlicher Interessen in Händen und stehe auch in Vertragsverhältnissen zu auswärtigen Staaten. Hier liege sonach der Keim einer Vereinspolitik, durch keine fremden Glieder gestört, und den Zoll- und Handelsverhältnissen würden sich andere verwandte Interessen anreihen, z. B. das Transportsystem von Land- und Wasserstraßen, gleiche Besteuerung, besonders für Verbrauchssteuern, Gewerbeverfassung, Marine, Konsulate, Handelsgesetz u. dgl. Durch solche Ausbildung zur Macht geworden, werde der deutsche Verein eine unwiderstehliche Anziehungskraft für den Beitritt der übrigen deutsche Länder üben, endlich auch den Anschluss der österreichischen Bundesländer herbeiführen und somit eine wahre deutsche Macht begründen. [...]

Deutsche Zeitung, Heidelberg, 15. Oktober 1847. Zit. nach: Wolfgang Hardtwig, Helmut Hinze: Deutsche Geschichte in Quellen und Darstellung 7. Stuttgart 1997; S. 218–222

22 a) Friedrich Julius Stahl: Philosophie des Rechts nach geschichtlicher Ansicht", 1830–37

Julius Stahl lehrte als Professor an verschiedenen Universitäten Kirchenrecht, Staatsrecht und Rechtsphilosophie. 1840 wurde er vom König von Preußen an die Universität Berlin berufen.

[...] Die Monarchie hat vor allem den Vorzug der Einheitlichkeit und Persönlichkeit der Herrschaft, dass sich in Einem Manne konzentriert, der beständig zu handeln im

Stande ist, und nicht in sich selbst zerfallen kann, dadurch die Übereinstimmung und Aufeinanderberechnung in der Anordnung, die Energie in der Ausführung. Sie hat aber den noch viel bedeutenderen Vorzug der Ursprünglichkeit und Erhabenheit der Herrschaft, dass der Herrschende in keiner Hinsicht Untertan oder von den Untertanen abhängig, sondern immer und überall über ihnen ist, dass seine Gewalt nicht von den Untertanen kommt, sondern von sich selbst besteht, dadurch die Unbedingtheit des Ansehens und der Ehrfurcht und die Freiheit von den Interessen, welche die Untertanen zerteilen und befangen. Die Gewalt des Königs ist „von Gottes Gnaden", ist ein „göttliches Recht".

Zit. nach: Wolfgang Hardtwig, Helmut Hinze (Hrsg.): Deutsche Geschichte in Quellen und Darstellung 7. Stuttgart 1997; S. 222 f.

b) Friedrich Julius Stahl, Das monarchische Prinzip, 1845

Wir werden das monarchische Prinzip darin finden müssen, dass die fürstliche Gewalt dem Rechte nach undurchdrungen über der Volksvertretung stehe und dass der Fürst tatsächlich den Schwerpunkt der Verfassung, die positiv gestaltende Macht im Staate, der Führer der Entwicklung bleibe. Hierin zeigt sich, dass das monarchische Prinzip etwas Anderes und zwar ein Mehreres ist als die Souveränität des Königs. [...] Der staatliche (konstitutionelle) Charakter der Ständeverfassung, der eine gebotene Forderung der Zeit ist, und das parlamentarische Prinzip sind keineswegs untrennbar, und es ist, um das monarchische Prinzip zu wahren keineswegs nötig, die Stände bloß auf isolierte Rechte (Bewilligung einzelner Steuern, Zustimmung bei Eingriffen juristischen Einzelfällen) zu beschränken, und sie von aller Mitwirkung für die Gesamtlenkung des Staates auszuschließen. [...]

Nach monarchischem Prinzip hat der Fürst nicht bloß die Vollziehung der Gesetze und die hierfür erforderlichen Verordnungen, worauf der Konstitutionalismus ihn beschränkt, sondern er hat auch allein die ganze Sphäre der Administration. Polizeiliche und ähnliche Anordnungen, die nicht den Rechtszustand festsetzen, oder vollends administrative Verfügungen und Entscheidungen für einzelne Fälle können daher der Zustimmung der Stände nicht unterliegen. Desgleichen kommt nach monarchischem Prinzip dem Fürsten allein die Abfassung der Gesetze (Initiative, Proposition) zu, den Ständen nur die Petition. Dies alles ist aber nicht im Widerspruch mit dem ständischen Rechte der Zustimmung zu den vom Fürsten entworfenen Gesetzen, das ein Ausfluss des konstitutionellen Prinzips ist. [...]

Zit. nach: Hans Fenske: Vormärz und Revolution, 1840–1849. Darmstadt 1976, S. 143–147

Arbeitsvorschläge:

1. Listen Sie die wichtigsten wirtschaftlichen Veränderungen im Vormärz auf (VT, M 1, M 7 - M 10) und analysieren Sie, welche Auswirkungen diese Veränderungen auf die Gesellschaft hatten.
2. Definieren Sie die Lebensumstände und die Reformforderungen der verschiedenen Bevölkerungsgruppen (VT, M 2, M 4, M 11 - M 15).
3. Erläutern Sie die Kritik, die in der Karikatur „Hunger und Verzweiflung - offizielle Abhilfe" geäußert wird (M 3).
4. Analysieren Sie, wie Georg Büchner die soziale Situation im Vormärz darstellt und mit welchen sprachlichen Mitteln er arbeitet (M 11).
5. Auch die Überlegungen von Sparres beschäftigen sich mit Lösungsansätzen für die Soziale Frage. Arbeiten Sie seine Haltung aus M 15 heraus und nehmen Sie Stellung.
6. Diskutieren Sie, inwiefern die soziale Situation im Vormärz eine Revolution begünstigte. Beachten Sie dabei auch die Interessen der einzelnen Gruppen an unterschiedlichen Lösungen.
7. Die Fertigstellung des Kölner Doms und die Erbauung der Walhalla bei Regensburg wurden von den Königen des jeweiligen Landes (Preußen und Bayern) unterstützt bzw. initiiert. Vergleichen Sie die Motive der beiden Herrscher miteinander, indem Sie die mit den Bauwerken bzw. Denkmälern verbundenen Ziele analysieren (M 18 a - e).
8. In der Walhalla, der „Totenhalle", wollte Ludwig von Bayern die „rühmlich ausgezeichneten Teutschen" vereinen. Recherchieren Sie, wessen Standbild bzw. Gedenktafel bis heute in die Walhalla aufgenommen wurde und setzen Sie sich mit dieser Auswahl und den jeweils zeitbedingten Auswahlkriterien kritisch auseinander.
9. Erläutern Sie die Karikatur „Der schlafende Deutsche Michel" im Kontext der gesellschaftlichen und politischen Entwicklung ab 1840 (M 16).
10. Greifen Sie Ihre Überlegungen zur Unterscheidung von Patriotismus, Chauvinismus und Nationalismus nochmals auf (S. 34, Nr. 6) und wenden Sie diese auf die Texte von Max Schneckenburger, Nikolaus Becker und Wilhelm Jordan an (M 17 a und b). Beschreiben Sie dabei auch, wie sich der Nationalismus im Vormärz entwickelte und ordnen Sie die Gedichte/Lieder (M 17) in den historischen Kontext ein.
11. Erarbeiten Sie aus den politischen Programmen bzw. der rechtsphilosophischen und staatstheoretischen Schrift die politischen Ziele der gemäßigt-liberalen, der demokratischen und der konservativen Bewegung (M 20 - M 22).

4 Die Märzrevolution 1848

Die Ursachen für die Konflikte, die sich im März 1848 entluden, sind im vorigen Kapitel erläutert worden. Neben den großen wirtschaftlichen und gesellschaftlichen Veränderungen sowie den katastrophalen sozialen Missständen war es vor allem der Gegensatz zwischen nationalen oder liberalen Forderungen und konservativer Beharrung. Es entstand ein Spannungsfeld zwischen den monarchischen Obrigkeiten und weit reichenden Gruppen der bürgerlichen Gesellschaft.
Die Situation war nicht auf den Deutschen Bund beschränkt. Weit über Europa verbreitet, wurde die Schaffung von Nationalstaaten auf freiheitlicher Grundlage gefordert.
Der Auslöser für die revolutionären Ereignisse 1848 im Deutschen Bund war die Entwicklung in Frankreich. In Paris gingen Studenten, Arbeiter und Mitglieder der Nationalgarde auf die Barrikaden (22.-24. Februar). Der „Bürgerkönig" Ludwig Philippe musste abdanken. Die Republik wurde ausgerufen und eine provisorische Regierung gebildet.
Die Kunde vom raschen Sieg der Revolution in Frankreich verbreitete sich wie ein Lauffeuer in den deutschen Staaten. Der Boden für die Aufstände war bereits zuvor bereitet worden. Schon um den Jahreswechsel verbreiteten sich Flugschriften vor allem in Süddeutschland, die offen zum gewaltsamen Widerstand aufriefen. Angaben wie „gedruckt bei Deutschland. Schlagdrauf und Hilfdirselbst, 1848" verrieten die Zielrichtung der Aufrufe, die im Text selbst gemäßigt bleiben mussten. Mit der Februarrevolution in Frankreich verdeutlichte sich, dass die Ziele erreichbar waren, dass Aufstände erfolgreich sein konnten. Zeitgenossen betonten im Rückblick, wie sehr ihre Erinnerung an das Frühjahr 1848 von dem sonnigen Wetter, den warmen Tagen, den lauen Abenden geprägt wurde. Die Menschen trafen sich draußen zu Demonstrationszügen, zu Versammlungen, zu Diskussionen auf den Straßen und in den Biergärten. Überall wehte die schwarz-rot-goldene Flagge. Der Rückzug in die eigene Häuslichkeit hatte ein plötzliches Ende gefunden. Aus den Diskussionszirkeln gingen Petitionen hervor, Demonstrationszüge bildeten sich spontan und dort, wo sich Widerstand vonseiten der Obrigkeit entgegenstellte, brachen Aufstände aus. Die gesamte Bewegung verlief unkoordiniert, spontan, entfachte sich immer neu durch die Nachricht von anderen erfolgreichen Aufständen.
Um sich einen Überblick über die vielen Einzelereignisse zu verschaffen, scheint es sinnvoll, die Entwicklungen auf drei Ebenen zu betrachten: im sogenannten „Dritten Deutschland" (v.a. Süddeutschland, Länder, in denen bereits Verfassungen eingeführt worden waren), in Österreich und in Preußen.

Das „Dritte Deutschland": Bereits wenige Tage nach der Februarrevolution in Paris zündete der Funke im Großherzogtum Baden. Am 27. Februar versammelten sich in Mannheim 4000 Menschen. Reden wurden sowohl von gemäßigt-liberalen als auch von radikalen Vertretern (u.a. von Friedrich Hecker) gehalten. Schließlich formulierte man jene Programmpunkte, die als typische „Märzforderungen" beispielhaft für die Revolution im Deutschen Bund wurden: Presse- und Versammlungsfreiheit, die Abschaffung jeglicher Zensur, Gewissens-, Lehr- und Religionsfreiheit, die Errichtung einer Bürgerwehr, Verwirklichung der persönlichen Freiheit, Einrichtung von Schwurgerichten und eines deutschen Nationalparlaments. Die Forderungen wurden an den Karlsruher Landtag adressiert. Demonstrationen, an denen sich nicht nur die Stadtbürger, sondern auch Arbeiter, Vereine und Studenten beteiligten, verliehen den Forderungen Nachdruck. Von großer Bedeutung waren die Aufstände auf dem Land. Bauern ganzer Landstriche schlossen sich zusammen und zogen vor Amtssitze und Schlösser, um mit Gewalt die bislang verweigerten Rechte einzufor-

1 Barrikadenkämpfe in Berlin, kolorierte Lithographie von G. Nordmann, 1848
Dargestellt sind die Barrikaden an der Kronen- und Friedrichstraße in Berlin am 18. März 1848; hinter der Barrikade gießen Frauen und Kinder Kugeln.

dern. Sie verlangten das Ende der Entschädigungszahlungen an die vormaligen Herren, Waldnutzungs- und Jagdrechte, die Aufteilung des Gemeindelandes, Weiderechte, das Absetzen missliebiger Bürgermeister und Ähnliches.
Die großherzogliche Regierung gab auf ganzer Linie schnell nach und bildete am 9. März unter Einbeziehung der liberalen Parteiführer ein neues Kabinett, welches die liberalen Forderungen umsetzen sollte. Diese „Märzregierung" wurde beispielgebend für die Regierungsumbildung in anderen Staaten des Dritten Deutschlands: Die Fürsten beriefen Liberale in die Ministerien, um Reformen durchzuführen und dadurch die Volksmassen zu beruhigen. Überall wurde die Arbeit an neuen Verfassungen begonnen, denn die Konstitutionalisierung war eine der wichtigsten Forderungen. Gerade in Bezug auf die ländlichen Unruhen und die Forderungen der Bauern reagierte man sehr schnell. Am 14. April hoben beispielsweise die Kammern in Baden und in Württemberg per Gesetz alle Feudalrecht auf.
Die Revolution aber machte „vor den Thronen halt". Die Fürsten wurden nicht entmachtet. In Bayern musste König Ludwig I. zwar abdanken, da er das Vertrauen des Volkes verspielt hatte. Ihm folgte aber sein Sohn Maximilian II. als König nach, die Monarchie blieb unangetastet.

Österreich: In Österreich sorgte die besondere Situation als Vielvölkerstaat für noch heftigere Unruhen. Das System Metternich war gerade hier tief verankert, da der wachsende Nationalismus die Donaumonarchie in ihren Grundfesten gefährdete. Nirgendwo waren die Unterdrückungsmaßnahmen so intensiv ausgeführt worden wie hier.
Schon am 3. März forderte der ungarische Liberale Lajos Kossuth offen nationale und konstitutionelle Rechte für alle Länder des Vielvölkerreiches. In vielen Gebieten kam es im März zu Aufständen und Revolutionen. In Wien geriet die Situation am 13. März für die Obrigkeit außer Kontrolle, überall in der Stadt brachen offene Kämpfe aus. Die Unruhen griffen auf die Vorstädte über, Fabriken wurden ebenso besetzt wie Polizeistationen. Die Hofburg war schließlich umlagert, die Villa Metternich demoliert. Der Ruf nach dem Rücktritt Metternichs hallte weit durch die Straßen. Aber erst auf Drängen der kaiserlichen Familie gab Metternich nach. Er verließ Wien heimlich inkognito und floh nach England. Der Kaiser musste schließlich aus Angst vor einer Radikalisierung der Aufstände Zugeständnisse machen. So wurde die Regierung umgebildet und eine Verfassung in Aussicht gestellt. Aber erst nach weiteren Aufständen wurde die Verfassungsgebung einem zu wählenden Reichstag zugestanden. Am 22. Juli trat dieser nach allgemeinem indirektem Wahlrecht gewählte österreichische Reichstag zusammen, in dem fast alle Kronländer des Vielvölkerstaates mit je drei Abgeordneten vertreten waren.

Preußen: Zentral für die Ereignisse in Preußen war die Entwicklung in Berlin. Auch hier tagten ab dem 7. März Versammlungen, wurden Petitionen verfasst und Märzforderungen aufgestellt. Auf den Straßen brachen Unruhen aus. Es kam zu Zusammenstößen mit dem Militär, Barrikaden wurden gebaut und Straßenkämpfe flammten auf. König Friedrich Wilhelm IV. war, da er die Ereignisse in Wien vor Augen hatte, schließlich zu Zugeständnissen bereit: Aufhebung der Zensur, Einberufung des Vereinigten Landtags, Verfassung u. a. Dennoch eskalierte der Konflikt am 18. März, als sich eine große Menschenmenge auf dem Schlossplatz versammelt hatte, um die Umsetzung der Forderungen einzufordern. Zunächst war die Stimmung noch durchaus positiv, man bekundete dem König Zustimmung für seine Reformversprechen. Anstoß nahm man aber an den Truppen, die am Rande des Platzes aufmarschiert waren. Nachdem ihr Abzug zunächst noch verhalten gefordert worden war, wurde die Haltung gegeneinander drohender. Die Truppen begannen schließlich, den Platz zu räumen, wobei auch von der Schusswaffe Gebrauch gemacht wurde. Die Menge fühlte sich vom König verraten. Jetzt begannen die Aufstände und Barrikadenkämpfe erst richtig, es kam zu einem regelrechten Bürgerkrieg unter Beteiligung aller Bevölkerungsschichten. Der König gab schnell nach, als er das Ausmaß der Unruhen erkannte. Schließlich musste sich Friedrich Wilhelm IV. sogar vor den im Schlosshof aufgebahrten Toten der Aufstände verneigen und so sichtbar seine Unterwerfung unter die Revolution bekunden. Am 21. März ritt der König in Begleitung der Prinzen und Minister durch Berlin. Dabei trug er als Zeichen der Revolution eine schwarz-rot-goldene Armbinde. Auch in Berlin wurden Liberale, wie David Hansemann, in die Ministerien berufen und eine preußische Nationalversammlung gewählt.

2 **Die Flucht Metternichs aus Wien**, Karikatur von 1848

Die Revolution auf Bundesebene
Die Revolution war nicht geplant, sie hatte im Deutschen Bund kein Zentrum und keinen Kopf. Im Vormärz hatte sich das Ziel eines deutschen Verfassungsstaates herauskristallisiert. Als die Voraussetzungen dafür jetzt geschaffen waren, zeigte sich, wie unterschiedlich die Konzepte der Wortführer waren. So gab es schon zwei grundsätzlich unterschiedliche Herangehensweisen. Sollte man das Ziel durch eine Reform des deutschen Bundestages oder durch die Schaffung eines neuen Organs, d. h. durch die Wahl einer verfassunggebenden Versammlung, anstreben?
Vertreter der Liberalen, wie etwa Heinrich von Gagern, plädierten für eine Konstitutionelle Monarchie und eine etwaige Kooperation mit den alten Regierungen, während die Demokraten, vertreten durch Friedrich Hecker und Gustav von Struve, eine Republik und damit die grundsätzliche Abschaffung der Monarchie wollten. Eine Nationalversammlung sollte dieser Republik eine Verfassung geben. Schließlich vertagte man aber die

Diskussion und berief eine Versammlung aller Abgeordneten aus den deutschen Staaten und einiger weiterer Politiker nach Frankfurt ein.
Dieses sogenannte Vorparlament trat schon am 31. März zusammen, seit Beginn der Revolution war erst wenig Zeit vergangen. Die Ereignisse entwickelten sich in rasender Geschwindigkeit. Die Abgeordneten wurden in Frankfurt feierlich empfangen. Die ganze Stadt war geschmückt, Böllerschüsse wurden zur Begrüßung abgefeuert, und überall wehten die schwarz-rot-goldenen Fahnen. Unzählige Zuschauer begleiteten den Einzug des Vorparlaments mit Jubel und großen Erwartungen. In der Sitzung einigte man sich schnell auf die Grundsätze für die Wahlen zu einer Nationalversammlung: gleiches und allgemeines, aber indirektes Wahlrecht für alle selbstständigen Männer. Die Frage, wer als selbstständig zu gelten habe, wurde nicht diskutiert.

Im weiteren Verlauf der Versammlung trat der Bruch innerhalb der revolutionären Bewegung über die Frage, wie weit die Revolution gehen sollte, offen zutage. Die extremeren Verfechter einer revolutionären Republik forderten die Permanenz des Vorparlaments und damit die Entmachtung des Bundestages. Als sie sich nicht durchsetzen konnten, verließen sie das Vorparlament (Hecker mit etwa 40 Abgeordneten), die gemäßigten Demokraten um Robert Blum blieben.
Hecker und Struve nahmen ihre Niederlage nicht hin. Sie organisierten ihre Anhängerschaft zunehmend nach dem Vorbild der Jakobinerklubs aus der Zeit der Französischen Revolution. Am 12. April rief Hecker in Konstanz die „deutsche Republik" aus. Ein Aufstand brach aus. Die erhoffte Massenbewegung blieb aus, die Aufständischen wurden schließlich von Bundestruppen geschlagen. Hecker floh in die Schweiz. Die Zerrissenheit der revolutionären Bewegung musste mit diesen Ereignissen allen deutlich geworden sein.

Inzwischen liefen die Wahlen zur Nationalversammlung an. Ein Wahlkampf in unserem heutigen Sinne konnte nicht stattfinden, die Organisation in Parteien deutete sich zwar an, war aber noch nicht abgeschlossen. Dennoch war ein politisches Leben entstanden, die Zukunft Deutschlands wurde an allen Orten diskutiert, Zeitungen, Flugblätter, Broschüren und Karikaturen trugen zur politischen Meinungsbildung bei. Die Wahlen gerieten durch diese Umstände in hohem Maße zu Persönlichkeitswahlen, vor allem die örtlichen Honoratioren hatten guten Chancen. Häufig wird das Parlament der Paulskirche als „Professorenparlament" bezeichnet. Dies ist insoweit irreführend, da nur 6% der Mitglieder Professoren waren; „Beamten-" oder „Juristenparlament" wären bessere Bezeichnungen, immerhin waren über 56% Beamte und 50% Juristen. In erster Linie war es aber ein „Honoratiorenparlament", das sich am 18. Mai 1848 in der Frankfurter Paulskirche konstituierte.
Die genaue politische Ausrichtung der Kandidaten spielte bei den Wahlen noch eine geringere Rolle, sodass die Abgeordneten frei waren in ihrem Entschluss, welchen Gruppierungen sie sich in Frankfurt anschließen wollten. Die politischen Richtungen gliederten sich schließlich nach Fraktionen, die ihren Namen nach den Gasthöfen bekamen, in denen sie tagten. Die politischen Hauptrichtungen wurden gemäß der Sitzordnung im Parlament (vom Präsidentenstuhl aus gesehen) bezeichnet. Die Linke bildeten die Demokraten, die Mitte die Liberalen, die zahlenmäßig dominierten. Auf der rechten Seite saßen die Konservativen, die die bestehenden Verhältnisse weitgehend bewahren wollten (vgl. M 12 b). Die Abgeordneten wählten am 19. Mai Heinrich von Gagern zum Präsidenten der Nationalversammlung und gaben sich eine Geschäftsordnung. Ausschüsse, u. a. der Ausschuss für den Entwurf einer Reichsverfassung, wurden gewählt und begannen mit ihrer Arbeit.

Die „Paulskirche" als deutsche Nationalversammlung

Die Paulskirche hatte die Aufgabe, jene Forderungen umzusetzen, die 16 Jahre zuvor auf dem Hambacher Fest so eingängig mit den Schlagworten „Einheit" und „Freiheit" zusammengefasst worden waren. Nach liberaler Auffassung waren diese beiden Ziele durchaus eng miteinander verknüpft, in der politischen Realität stellte sich dieses doppelte Ziel aber als besondere Schwierigkeit heraus. Zunächst musste eine Entscheidung über die Exekutive getroffen werden, die in der Übergangszeit die Regierungsgeschäfte übernehmen konnte. Heinrich von Gagern setzte sich mit seinem Vorschlag durch, einen Reichsverweser an die Spitze einer provisorischen Zentralgewalt zu stellen. Dies war schließlich auch die Entscheidung, nicht mit dem Bundestag und damit den Abgeordneten aus den Regierungen der Einzelstaaten zusammenzuarbeiten. Zum Reichsverweser wurde der österreichische Erzherzog Johann gewählt. Man bezweckte damit, zum einen die monarchischen Strömungen und zum anderen die Österreicher in die Paulskirche zu integrieren. Der Reichsverweser bildete die neue Exekutive, indem er ein Reichsministerium berief, das dem Parlament verantwortlich war. Die Paulskirche entschied sich, mit der Schaffung einer neuen Exekutive weit über die angedachten Aufgaben von Reichsbildung und Verfassungsentwurf hinauszugreifen. Sie hatte jetzt eine dritte Aufgabe, die aktuelle Tagespolitik. In diesem Feld musste sich sehr schnell erweisen, über welche realen Machtmittel die durch die Revolution geschaffenen Organe tatsächlich verfügten.

Die Realpolitik

Entscheidend wurde in der Folgezeit die Frage nach der militärischen Verfügungsgewalt. In einem Gesetz vom 28. Juni 1848 war zwar festgelegt worden, dass die Zentralgewalt die Oberleitung über die „gesamte bewaffnete Macht" übernähme, doch erwies sich schnell, dass die Einzelstaaten dies nicht akzeptieren würden.
Die Ohnmacht der Zentralregierung und der Paulskirche wurde anlässlich des Kriegs mit Dänemark 1848 deutlich:
Mitbedingt durch die erwachenden Nationalismen, kam es in Schleswig zwischen der deutschen und der dänischen Bevölkerung zum Konflikt. Die deutsche Bewegung in Schleswig forderte im März einen Eintritt in den Deutschen Bund, die dänische wandte sich an König Friedrich VII., der eine Einverleibung Schleswigs in den dänischen Staat ankündigte. In Kiel bildete sich daraufhin eine deutsche provisorische Regierung für das gesamte Schleswig-Holstein, die Preußen um Unterstützung bat. Eine Welle der Solidarität machte in Deutschland die Vorgänge zur „nationalen" Sache. Als preußische Truppen im Auftrag des Bundes nach Schleswig zogen, wurde ihr Einsatz auch von den revolutionären Kräften gefordert und gebilligt. Der preußische General Wrangel drang mit seinen Truppen in Jütland ein, die dänische Marine blockierte im Gegenzug deutsche Häfen.

3 Schleswig-Holstein

International wurde die Entwicklung in Schleswig mit Sorge betrachtet. Die Großmächte, v.a. Großbritannien und Russland, übten Druck gegen etwaige Versuche der Annexion Schleswigs aus. Preußen beugte sich dem internationalen Druck und zog die Truppen zurück. In der Paulskirche reagierten die Abgeordneten empört und erklärten die schleswigsche Frage zur eigenen Sache (9. Juni), während Preußen mit Verhandlungen begann. Am 26. August wurde in Malmö ein Waffenstillstand geschlossen, der den Abzug aller Bundestruppen aus Schleswig vorsah.
Wieder reagierten die nationalen Kräfte aufgebracht, vom Verrat an der deutschen Sache war die Rede. Für die Abgeordneten der Paulskirche, die den Waffenstillstand anerkennen sollten, war es ein Dilemma: Im Falle einer Anerkennung stellten sie sich gegen die nationale Bewegung, für eine Nichtanerkennung fehlten ihnen die Machtmittel. Die Mehrheit der Abgeordneten stimmte schließlich dem Waffenstillstand zu. Die Nationalversammlung enttäuschte damit weite Kreise ihrer Anhänger. Die radikale Linke, die nicht in der Paulskirche vertreten war, gewann zunehmend Anhänger und rief zu „bewaffneten Volksversammlungen" auf. Im Rheinland, in weiten Teilen Mitteldeutschlands, in Schlesien, Baden und vor allem im Rhein-Main-Gebiet gab es wieder Protestaktionen und Barrikadenkämpfe. Die Aufstände waren von solcher Intensität und Verbreitung, dass man sogar von einer zweiten Revolution des Jahres 1848 spricht. Preußische und österreichische Truppen aus der Bundesfestung Mainz wurden von der Reichsregierung nach Frankfurt gerufen, um die Ruhe wiederherzustellen. Zwei Abgeordnete, Felix Fürst von Lichnowsky und General Hans von Auerswald, wurden von Aufständischen ermordet.
Der Bruch zwischen den ehemals die Revolution tragenden Gruppen war überdeutlich geworden. Bedeutsam war aber vor allem, dass die realpolitische Schwäche der Paulskirche schonungslos offenbart worden war. Man war auf die Heere der Einzelstaaten angewiesen, nicht nur im Kriegsfall, sondern auch, wenn es um die Aufrechterhaltung der inneren Sicherheit ging. Zudem führte die gesamte Situation im September dazu, dass viele Abgeordnete der Paulskirche sich politisch mehr in Richtung der alten, konservativen Kräfte orientierten, um eine Radikalisierung der Revolution zu vermeiden. Auch war die Paulskirche im Ausland diskreditiert, sie erschien machtversessen und verantwortungslos.

„Völkerfrühling" oder Nationalbewegung?
Schon bei der Schleswig-Holstein-Frage war deutlich geworden, dass die europäischen Nationalbewegungen Konflikte untereinander auslösen würden. In Bezug auf die Freiheitsbewegung fand eine durchaus internationale Ausrichtung auch 1848 noch viele Anhänger. Vom „Völkerfrühling", dem gemeinsamen Aufbruch in die Freiheit, war weithin die Rede. Man sah die Gegner in der Reaktion, den alten Eliten, nicht in den benachbarten Nationen. Aber mit der Verschiebung der Revolutionsidee zur Gründung von Nationalstaaten kristallisierte sich die Frage nach den Grenzen als Konfliktpunkt heraus. Es ließen sich keine Grenzen ziehen, die nicht zumindest eine Minderheit mit eingeschlossen hätten. Dies lässt sich am Beispiel von Posen erkennen.
Im Zuge der revolutionären Ereignisse in Berlin im März 1848 war für Posen eine „nationale Reorganisation" im Sinne der Polen propagiert worden. Die polnische Freiheitsbewegung sollte unterstützt, Polen gegen Russland wiederhergestellt werden. Die Stimmung eines internationalen Völkerfrühlings hielt aber nicht lange an. Bald schon brachen durch die nationalen Bewegungen Gegensätze auf. Der Bundestag hatte bereits im April auf Antrag Preußens einen Teil der Provinz Posen in den Deutschen Bund eingegliedert.
In der Paulskirche wurde die Posen-Frage kontrovers und emotional diskutiert (24./27. Juli), nachdem die extreme Linke den Antrag eingebracht hatte, die Eingliederung aufzuheben. Das Meinungsspektrum war breit gestreut: Auf der einen Seite sprach man von notwendigen Opfern der deutschen Minderheit und unterstützte die polnische Bewegung, auf der anderen Seite offenbarten sich übersteigerte deutsche Nationalismen wie bei Wilhelm Jordan, der gegen die „schwachsinnige Sentimentalität des Polenrausches" wetterte und das „Recht der Geschichte", die „Übermacht des Deutschen Stammes" forderte. Schließlich siegte der Nationalismus, man beschloss mit 342:31 Stimmen die Eingliederung des westlichen Teils von Posen in ein deutsches Reich. Die Linke in der Paulskirche versuchte letztendlich, das Problem zu vertagen, da sie keine Lösung für diese Konflikte sah.

Klein- oder Großdeutsch?
Mit Schleswig und Posen wurde die große Streitfrage von 1848 schon deutlich: Auf welche Grenzen sollte sich ein deutscher Nationalstaat beziehen. Diese Frage erstreckte sich auch auf die Rolle des Vielvölkerstaates Österreich. Bei der lockeren Organisationsstruktur des Deutschen Bundes war es möglich gewesen, die Bundesgrenze durch den österreichisch-ungarischen Gesamtstaat zu ziehen, sodass die nichtdeutschen Länder der Donaumonarchie nicht zum Deutschen Bund gehörten, die staatliche Einheit Österreichs aber dennoch nicht gefährdet war.
Der Verfassungsausschuss legte Ende September seinen Entwurf zur Gebietsdefinition vor (vgl. M15), in der Paulskirche entflammte darüber eine heftige Debatte. Dabei gab es zunächst drei, später sogar vier Standpunkte.

4 Bevölkerung nach Sprachen im Deutschen Bund

Die großdeutsche Lösung: Eine Nationalstaatsbildung unter Einschluss der deutschen Gebiete Österreichs. Diese Lösung wurde zunächst von der Mehrheit der Abgeordneten unterstützt.
Die kleindeutsche Lösung: Gründung eines Nationalstaates ohne Österreich. Konsequenz dieser Lösung wäre eine Führungsrolle Preußens.
Engerer und weiterer Bund: Schaffung eines engeren Bundes ohne Österreich und eines weiteren Bundes mit Österreich lautete dieser Vorschlag, der als Kompromiss gedacht war und vor allem von Heinrich von Gagern vertreten wurde.
Der Eintritt Gesamtösterreichs: Nachdem die Gegenrevolution in Österreich erfolgreich war, forderte der neue österreichische Ministerpräsident Schwarzenberg im März 1849 eine viel weiter gehende Lösung: Den Eintritt Gesamtösterreichs in das neue Deutschland. Dies war die vierte Möglichkeit, die großösterreichische Lösung mit der Schaffung eines 70-Millionen-Reiches unter Führung Österreichs.

Die Verfassungsdebatte – Menschen- und Grundrechte

Mit der Grundrechtsdebatte war bereits im Mai 1848 begonnen worden, die Positionen waren jedoch auch hier sehr unterschiedlich. Die Abgeordneten diskutierten lange über soziale, wirtschaftliche, aber auch schul- und kirchenrechtliche Fragen. Am 20. Dezember 1848 verabschiedete das Parlament die endgültige Fassung. Als „Gesetz betreffend die Grundrechte des deutschen Volkes" wurden sie Ende Dezember vorzeitig als Teil einer später zu beschließenden Verfassung in Kraft gesetzt. Der Grundrechtskatalog legte den Schwerpunkt auf die persönliche Freiheit und die rechtliche Gleichheit. Die gemäßigt-liberalen Forderungen hatten sich durchgesetzt. Der Bürger sollte vor staatlicher Willkür geschützt sein, das Verhältnis zwischen individueller Freiheit und staatlicher Ordnung festgelegt werden. Die Vorerfahrungen der Abgeordneten mit den Repressionen des Systems Metternich prägten den Grundgesetzentwurf. Festgelegt wurden u.a. Freiheit der Person, Vereins- und Versammlungsfreiheit, Recht auf Auswanderung, Gewerbe- und Niederlassungsfreiheit, die Gleichheit vor dem Gesetz, Schutz der Wohnung, Briefgeheimnis, Unverletzlichkeit des Eigentums und die Abschaffung aller Frondienste. Mit der Zusicherung, dass „Unbemittelten" kostenloser Unterricht an öffentlichen Schulen garantiert sei, hoffte man Aufstiegsmöglichkeiten für die ärmeren Schichten zu eröffnen. Zu weiteren sozialen Grundrechten konnte man sich aber nicht verständigen. Vor dem Hintergrund der sich 1848 abzeichnenden Sozialen Frage wären Arbeitsschutzmaßnahmen, Grundsicherungen, Arbeitszeitbegrenzungen drängende Punkte gewesen.
Die Paulskirche wurde häufig dafür kritisiert, für die Grundrechtsdebatte zu viel Zeit gebraucht und dadurch die Verfassungsfrage zu lange aufgeschoben zu haben. Dadurch sei den reaktionären Mächten die Möglichkeit zur Gegenrevolution erleichtert worden. Dieser Kritik muss aber die epochale Bedeutung der Debatte in der Paulskirche entgegengehalten werden. Schließlich wurden erstmals Grundrechte definiert, die sich auf die deutschen Verhältnisse bezogen. Die Formulierungen der Paulskirche wurden sowohl von den Verfassungsvätern der Weimarer Republik als auch von jenen der Bundesrepublik Deutschland als Grundlage genutzt. Insofern gelang den Abgeordneten von 1848 ein Werk von großer Reichweite.

Verfassungsfragen

Am 12. Dezember begann man mit den Verhandlungen über die Frage des Staatsoberhauptes. Die Vorschläge reichten von einer republikanischen Präsidentschaft über ein Direktorium, ein Wahlkaisertum bis hin zum Erbkaisertum. Den Ausgleich zwischen den Interessen des Gesamtstaates und jenen seiner Einzelstaaten musste man ebenfalls berücksichtigen. Deshalb diskutierte man über eine Teilung des Parlaments in zwei Kammern, die gemeinsam die Legislative bilden sollten. Das Verhältnis zwischen Regierung und Parlament musste festgelegt werden. Die Linke wollte ein starkes Parlament mit weit reichenden Kontrollrechten gegenüber der Regierung, die Rechte hatte Angst vor einem „Parlamentsabsolutismus" und wollte vor allem bei Militär- und Außenpolitik eine starke Spitze.

Ebenso weit gingen die Positionen in Bezug auf das Wahlrecht auseinander. Das allgemeine, gleiche Wahlrecht wurde von der Linken gefordert. Dagegen hatten aber schon gemäßigt Liberale große Bedenken. Sie wollten Unselbstständige, wie beispielsweise Tagelöhner, ausgeklammert sehen und das Wahlrecht generell an „Bildung und Einsicht" koppeln.

Die Debatten in der Paulskirche wurden aber nicht nur durch die unterschiedlichen Auffassungen der Abgeordneten bestimmt, sondern vor allem von der Entwicklung in den beiden mächtigsten Ländern des zukünftigen Reiches. In Österreich und Preußen setzte sich im Dezember die Gegenrevolution und damit die reaktionären Kräfte durch. Da die Entscheidungsfindung in der Paulskirche ohne die politische Entwicklung in den Einzelstaaten nicht zu verstehen ist, soll hier zunächst auf die Gegenrevolution eingegangen werden.

Zweite Revolution und Gegenrevolution

In der Revolution von März 1848 hatten sich hauptsächlich die Liberalen mit ihren Ideen und Konzepten durchgesetzt. Sie waren in die Ministerien der Einzelstaaten berufen worden und stellten die meisten Abgeordneten im gesamtdeutschen Parlament, der Paulskirche. Diese erste liberale Revolution wurde sowohl auf Bundes- wie auch auf Länderebene beständig von zwei weiteren Revolutionen bedroht: von einer radikal-sozialen und von einer reaktionären Gegenrevolution der alten monarchischen Mächte.

Im Herbst 1848 drohte aus Sicht der Liberalen zunehmend die Gefahr einer zweiten Revolution. Besonders deutlich wurde dies mit den bereits erwähnten radikalen Aufständen nach dem Frieden von Malmö und der Ermordung der beiden Abgeordneten aus der Paulskirche. Zudem rief Gustav Struve, aus der Schweiz zurückgekehrt, in Lörrach am 21. September die „Deutsche Republik" aus.

Weite Kreise des Bürgertums hatten Angst vor einer Radikalisierung der Revolution und akzeptierten daher zunehmend eine Orientierung in Richtung der reaktionären Mächte.

Es kam zu einem Rechtsruck der die bisherige Revolution tragenden bürgerlichen Kräfte. Die Reichsregierung wollte mit Truppenstationierungen für eine schnelle Unterdrückung „anarchischer Bewegungen und Aufstände" sorgen. Wo Aufstände waren, wurde die Vereins- und Versammlungsfreiheit aufgehoben. Entscheidend aber waren wieder die Entwicklungen in Wien und Berlin.

Wien: Auch in Wien brodelte es schon im August und September, die politische und soziale Polarisierung nahm stetig zu. Als der Kaiser den ungarischen Reichstag auflöste und seinen Truppen befahl, in Ungarn einzumarschieren, eskalierte die Situation, die Wiener Oktoberrevolution begann. Den Wiener Demokraten war klar, dass der Schlag gegen die Freiheitsbewegung in Ungarn auch ihnen galt. Ein Aufstand brach los, der ungeheure Unterstützung erfuhr. Die Regierungstruppen mussten sich aus Wien zurückziehen, der kaiserliche Hof floh nach Olmütz, und die Stadt wurde von radikal linken Gruppierungen beherrscht. Das Paulskirchenparlament verweigerte eine Solidarisierung mit den Aufständischen, Abgeordnete der Linken, z. B. Robert Blum, begaben sich aber nach Wien, um die Entwicklung dort zu unterstützen und sich aktiv zu beteiligen. Schließlich entbrannte eine Schlacht um Wien zwischen den Aufständischen und den kaiserlichen Truppen. Die Auseinandersetzung wurde mit äußerster Härte geführt, es gab über 6 000 Tote und Schwerstverwundete. Nach der Einnahme Wiens durch die kaiserlichen Truppen wurden zahlreiche Anführer des Aufstands erschossen. Auch Robert Blum wurde hingerichtet, dabei wurde seine Immunität als Abgeordneter der Paulskirche missachtet. Österreich wandte sich für jeden deutlich sichtbar gegen die Nationalversammlung in Frankfurt.

Die politische Neuorientierung Österreichs in der Folgezeit gestaltete maßgeblich Felix Fürst zu Schwarzenberg als Ministerpräsident. Er betrieb aber nicht die Rückkehr zum System Metternich, sondern integrierte auch liberale Forderungen, indem er beispielsweise eine Verfassung versprach. Mit der Kremsierer Erklärung vom 27. November 1848 erteilte er den Anhängern der großdeutschen Lösung in der Paulskirche eine Absage. Er erklärte die staatliche Einheit der Gesamtmonarchie als unverzichtbares Ziel. Am 2. Dezember 1848 wurde der achtzehnjährige Franz Joseph österreichischer Kaiser. Mit diesem Thronwechsel sollte die Monarchie gestärkt werden, an die Stelle des regierungsunfähigen Ferdinands trat ein junger und politisch ambitionierter Kaiser. Im März 1849 wurde eine Verfassung oktroyiert (4. März), die ein Gesamtparlament mit eingeschränkten Rechten vorsah. Im Bürgertum kam die Verfassung gut an. Österreich schied aus der nationalen Bewegung aus.

5 Hinrichtung Blums am 9. November, Lithographie, 1848

Die Abgeordneten der Paulskirche reagieren nicht, „Nicht dringlich" lautet die Bildunterschrift in Anspielung auf eine Kategorisierung von Eingaben an das Parlament.

Preußen: Die Entwicklung in Wien fand in Berlin ihre Parallele. Auch hier kam es zu einer neuen Aufstandswelle, einer zweiten, radikalen Revolution, die sich nicht nur gegen die monarchischen Vertreter, sondern auch gegen jene der ersten Revolution, gegen die gemäßigten und liberalen Kräfte, wandte. Diese Situation machte sich der König zunutze. Am 5. Dezember löste er die preußische Nationalversammlung auf und oktroyierte eine Verfassung. Diese sah ein absolutes Vetorecht des Königs und weit reichende Notstandsrechte vor. Auf der anderen Seite wurden aber auch liberale Forderungen integriert, so sollten die Minister dem Parlament verantwortlich sein, dessen 2. Kammer nach gleichem Wahlrecht gewählt wurde. Auch in Preußen wurde die Entwicklung in weiten Teilen des Bürgertums positiv aufgenommen. Man sehnte sich nach Ruhe und geordneten Verhältnissen.

Die Verfassungsdebatte in der Paulskirche

In den beiden großen Staaten, Preußen und Österreich, hatte die monarchische Reaktion bereits gesiegt, als in der Paulskirche im Dezember mit der eigentlichen Verfassungsdebatte gerade erst begonnen wurde. Vor diesem Hintergrund müssen die Diskussionen gesehen werden, die Abgeordneten mussten sich immer wieder an die veränderten politischen Gegebenheiten der Gegenrevolution anpassen und nach Handlungsspielräumen suchen. Idealpolitische Überlegungen mussten zunehmend den realpolitischen weichen. Es ging weniger um das, was man wollte, sondern viel mehr schon um das, was man überhaupt noch erreichen konnte.

Vor dem Hintergrund der Kremsierer Erklärung Schwarzenbergs über die staatliche Einheit Österreichs (27. November 1848) und vor allem seiner Forderung nach einem Eintritt Gesamtösterreichs in das deutsche Reich (9. März 1849), zeichnete sich zunehmend eine kleindeutsche Lösung ab. Der Diskussion um das Reichsoberhaupt (ab 12. Dezember) lag demnach auch die Frage nach der Rolle Preußens zugrunde. Eine Entscheidung für das Erbkaisertum wurde 1849 immer deutlicher zu einer Entscheidung für Preußen. Wortführend war hier die Gruppierung um Heinrich von Gagern, die in Preußen die einzige reale Macht sah, die die nationale Einigung politisch durchsetzen könnte. Dabei wollte man nicht einen preußischen Machtstaat schaffen, sondern ein Aufgehen Preußens in Deutschland erreichen. Die Abstimmung kam durch einen Kompromiss zustande, indem ein kleine Anzahl Abgeordneter der Linken dem Erbkaisertum zustimmten, während jene aus der Mitte für das gleiche Wahlrecht und ein nur suspensives Vetorecht des Monarchen votierten. Das Erbkaisertum wurde mit 267:263 Stimmen denkbar knapp beschlossen.

Am 28. März wählten die Abgeordneten der Paulskirche Friedrich Wilhelm IV. von Preußen mit 290 Stimmen bei 248 Enthaltungen zum Kaiser der Deutschen. Der Reichstag sollte sich aus zwei Kammern zusammensetzen: Das Staatenhaus sollte die Repräsentanz der Einzelstaaten sein, das Volkshaus betonte das unitarische und durch das allgemeine gleiche Wahlrecht auch gleichzeitig das demokratische Element.

Der Verfassungsentwurf der Paulskirche vom 27. März 1849 war ein Kompromiss geworden, ein Kompromiss zwischen den verschiedenen Gruppierungen in der Paulskirche, aber auch ein Kompromiss zwischen den im März 1848 angestrebten Idealen und den im März 1849 überhaupt noch erreichbaren Zielen. Doch waren selbst diese minimalen Ziele noch realistisch?

Das Ende der Revolution

Eine Delegation von 32 Abgeordneten brach nach Berlin auf, um dem König von Preußen, Friedrich Wilhelm IV., die neue deutsche Kaiserkrone anzutragen. Auf ihrem Weg wurden sie vom Jubel der Bevölkerung begleitet. Am 3. April betraten die Abgeordneten das Stadtschloss in Berlin und trugen ihr Anliegen feierlich vor. Der König jedoch lehnte die Krone ab. Gegenüber der Delegation schlug er noch einen höflichen Ton an, wie er selbst es in einem Brief an ein anderes gekröntes Haupt, Ernst August von Hannover, ausdrückte: „Ich wollte eine derbe Antwort geben. Da aber die Sachen [...] bis zu diesem Punkte gediehen waren, so hab ich dem Rat des Ministeriums nachgegeben und freundlich, ja verbindlich geantwortet und das Nein in flittergestickte Windeln gehüllt."

Friedrich Wilhelm IV. lehnte die Kaiserkrone ab, obwohl die politischen Kräfte in Preußen durchaus unterschiedlicher Auffassung über dieses Kaisertum waren, schließlich bot sich die Möglichkeit an, dass Preußen in einem kleindeutschen Staat die politische Führung übernehmen konnte. Ausschlaggebend für die Entscheidung dürften verschiedene Motive aus Sicht des Königs gewesen sein. Erstens wäre diese Krone durch ein Parlament, eine verfassungsgebende Nationalversammlung legitimiert gewesen, nicht mehr durch das Gottesgnadentum. Zweitens hatte das Haus Habsburg nach der Legitimitätstheorie Anspruch auf die Kaiserkrone und drittens fehlte aus Sicht Friedrich Wilhelms IV. die Zustimmung der anderen Fürstenhäuser. Für die Hochkonservativen in Preußen symbolisierte die Annahme dieser Kaiserkrone eine Usurpation, die den Niedergang Preußens bedeuten musste.

Nach der Ablehnung der Krone spaltete sich das Frankfurter Parlament. Heinrich von Gagern trat zurück (10. Mai), die preußischen Abgeordneten wurden aus dem Parlament abberufen (14. Mai), die österreichischen waren von Schwarzenberg bereits am 5. April abberufen worden. Weitere Abgeordnete folgten dem Beispiel, so dass hauptsächlich die gemäßigten Vertreter die Paulskirche verließen. Da vor allem die Abgeordneten der Linken verblieben waren, besaßen die Demokraten nun die klare Mehrheit. Sie suchten nun jene Verfassung durchzusetzen, die sie ursprünglich nicht unterstützt hatten. Das Rumpfparlament, das aus Angst vor den Bundestruppen in Mainz bereits nach Stuttgart verlegt worden war, wurde am 18. Juni mit Militärgewalt aufgelöst.

In der sogenannten Reichsverfassungskampagne trachtete man auch nach der Parlamentsauflösung, die Einzelstaaten zur Annahme der Verfassung zu bewegen. Die Mittel zur Durchsetzung dieses Ziels reichten von Demonstrationen bis hin zum aktiven Kampf (v.a. in Sachsen, der Pfalz und Baden). In der Pfalz wurde eine provisorische Regierung proklamiert (17. Mai). Aus Nah und Fern strömten Anhänger der Revolution zur Unterstützung zusammen. Volkswehren wurden formiert, große Teile der regulären Armee gingen zu den Aufständischen über. Angesichts heranrückender preußischer Truppen versuchte man die Verteidigung zu organisieren. Schließlich stand aber eine zehnfache Übermacht preußischer Soldaten bei Kirchheimbolanden den unzureichend bewaffneten Aufständischen gegenüber. Die preußischen Truppen schlugen den Aufstand schließlich nieder, ebenso die letzte Erhebung in Baden (bis 23. Juli).

6 „Eid auf die Freiheit"

a) Rede von Franz Zitz, Vertreter der demokratischen Linken, am Theater in Mainz, März 1848.
Franz Zitz war bereits Ende Februar beteiligt an der Formulierung der Mainzer Forderungen an die hessische Regierung, die schnell Zugeständnisse gemacht und „Märzminister" berufen hatte.

So, Mitbürger, sind bereits drei unserer wichtigsten Rechte zur Wahrheit geworden [...] Vieles bleibt zu thun, daß die bürgerlichen und politischen Rechte, die wir gewonnen, Wurzel fassen und ihre segensreichen Früchte für das Volk tragen! [...] Mitbürger! Der Unterthan schwört Treue seinem Fürsten und dem Gesetze, der Soldat schwört zu seiner Fahne, der freie, deutsche Mann schwört auf die Freiheit, diese leuchtende Standarte der Völker! [...]
Mitbürger! Beugt das Knie und schwört alle: Wir schwören für die Freiheit zu leben und zu sterben! [...]
Es lebe die Freiheit! Mitbürger! Wenn unserer jungen Freiheit Gefahr droht, wenn eure Volkstribunen euch rufen, – wer dann nicht einsteht mit Gut und Blut zum Schutze des Errungenen – der hat den eben geschworenen Eid gebrochen, – er ist ein Verräther an der heiligen Sache! Es lebe die Freiheit! [...]
Freiheit und Ordnung – sie wandeln Hand in Hand zum Schutze des Landes – zum Glück des Volkes! Freiheit, Ordnung und Gesetzlichkeit, hoch!

Zit. nach: Institut für Geschichtliche Landeskunde (Hrsg.): 2000 Jahre Mainz. Mainz 2000, 071848\Zitzrede.html

Zeitgenossen berichten, dass Tausende den Eid schworen und das Gutenbergdenkmal in dieser Zeit mit Fackeln beleuchtet gewesen sei. Die Menge habe im Anschluss „Heil Dir Moguntia" gesungen.

7 Märzforderungen 1848

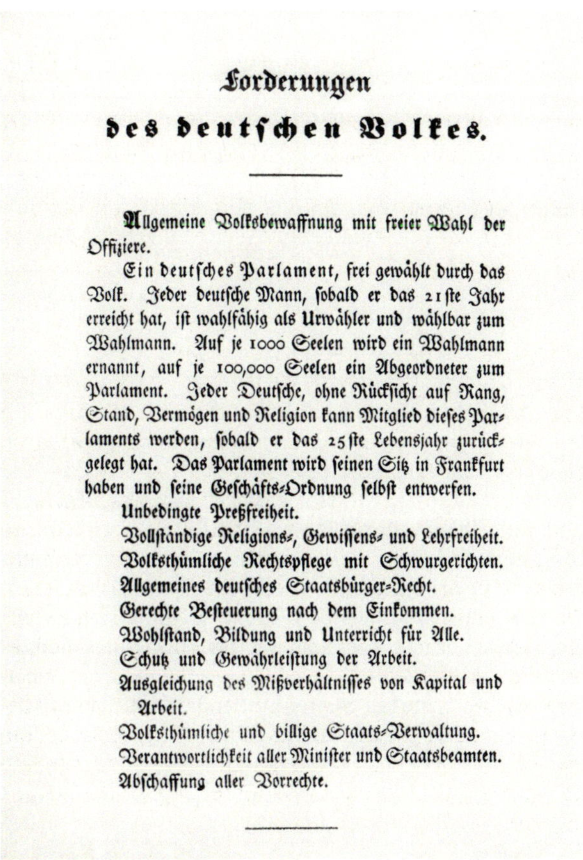

Forderungen des deutschen Volkes.

Allgemeine Volksbewaffnung mit freier Wahl der Offiziere.

Ein deutsches Parlament, frei gewählt durch das Volk. Jeder deutsche Mann, sobald er das 21ste Jahr erreicht hat, ist wahlfähig als Urwähler und wählbar zum Wahlmann. Auf je 1000 Seelen wird ein Wahlmann ernannt, auf je 100,000 Seelen ein Abgeordneter zum Parlament. Jeder Deutsche, ohne Rücksicht auf Rang, Stand, Vermögen und Religion kann Mitglied dieses Parlaments werden, sobald er das 25ste Lebensjahr zurückgelegt hat. Das Parlament wird seinen Sitz in Frankfurt haben und seine Geschäfts-Ordnung selbst entwerfen.

Unbedingte Preßfreiheit.

Vollständige Religions-, Gewissens- und Lehrfreiheit.

Volksthümliche Rechtspflege mit Schwurgerichten.

Allgemeines deutsches Staatsbürger-Recht.

Gerechte Besteuerung nach dem Einkommen.

Wohlstand, Bildung und Unterricht für Alle.

Schutz und Gewährleistung der Arbeit.

Ausgleichung des Mißverhältnisses von Kapital und Arbeit.

Volksthümliche und billige Staats-Verwaltung.

Verantwortlichkeit aller Minister und Staatsbeamten.

Abschaffung aller Vorrechte.

b) Die Eidszene aus anderer Perspektive:
Der General der preußischen Truppen in Mainz schreibt in seinen Erinnerungen 1877 über die Rede Zitz':

An einem Abende zu Anfang März fand auf dem Gutenbergsplatze wieder eine große Volksversammlung statt, bei welcher Gelegenheit der Advokat Zitz vom Balkon des Schauspielhauses herab in wahrhaft pöbelhaften Ausdrücken die Fürsten im Allgemeinen und insbesondere den Prinzen Emil von Hessen wie auch den Prinzen von Wittgenstein beschimpfte, endlich niederkniete und dem Volke schwur, daß er ihm seine volle Freiheit erringen oder sterben wolle. Daneben stand der Herr Bürgermeister, und als Schlußakt dieser Komödie umarmten sich beide. Von dieser Stunde an war Zitz der Gefeierte des Volks und fing an, den verderblichsten Einfluß zu üben.

Zit. nach: Institut für Geschichtliche Landeskunde (Hrsg.): 2000 Jahre Mainz. Mainz 2000, 071848\Zitzrede.html

8 „An mein Volk und die deutsche Nation". Proklamation König Friedrich Wilhelms IV. vom 21. März 1848.

An mein Volk und die deutsche Nation.
Mit Vertrauen sprach der König vor fünfunddreißig Jahren in den Tagen hoher Gefahr zu seinem Volke, und sein Vertrauen ward nicht zu Schanden; der König mit seinem Volke vereint, rettete Preußen und Deutschland von Schmach und Erniedrigung.
Mit Vertrauen spreche Ich heute, im Augenblicke, wo das Vaterland in höchster Gefahr schwebt, zu der deutschen Nation, unter dessen edelste Stämme Mein Volk sich mit Stolz rechnen darf. Deutschland ist von innerer Gährung ergriffen und kann durch äußere Gefahr von mehr als einer Seite bedroht werden. Rettung aus dieser doppelten dringenden Gefahr kann nur aus der innigsten Vereinigung der deutschen Fürsten und Völker unter einer Leitung hervorgehen.
Ich übernehme heute diese Leitung für die Tage der Gefahr. Mein Volk, das die Gefahr nicht scheut, wird Mich nicht verlassen und Deutschland wird sich Mir mit Vertrauen anschließen. Ich habe heute die alten deutschen Farben angenommen und Mich und Mein Volk unter das ehrwürdige Banner des deutschen Reiches gestellt, Preußen geht fortan in Deutschland auf.
[...] Ich beabsichtige in einer unverzüglich näher zu erwägenden Form, den Fürsten und Ständen Deutschlands die Gelegenheit zu eröffnen, [...] zu einer gemeinschaftlichen Versammlung zusammenzutreten.
Die auf diese Weise zeitweilig sich bildende deutsche Stände-Versammlung wird in gemeinsamer, freier Berathung das Erforderliche in der gemeinsamen, inneren und äußeren Gefahr ohne Verzug vorkehren.
Was heute vor Allem Noth thut, ist
1) Aufstellung eines allgemeinen deutschen, volksthümlichen Landesheeres,
2) bewaffnete Neutralitäts-Erklärung.
[...]
Gleichzeitig mit den Maßregeln zur Abwendung der augenblicklichen Gefahr wird die deutsche Stände-Versammlung über die Wiedergeburt und Gründung eines neuen Deutschlands berathen, eines einigen, nicht einförmigen Deutschlands, einer Einheit in der Verschiedenheit, einer Einheit mit Freiheit.

Allgemeine Einführung wahrer constitutioneller Verfassungen, mit Verantwortlichkeit der Minister in allen Einzelstaaten, öffentliche und mündliche Rechtspflege, in Strafsachen auf Geschworenengerichte gestützt, gleiche politische und bürgerliche Rechte für alle religiösen Glaubensbekenntnisse und eine wahrhaft volksthümliche, freisinnige Verwaltung werden allein solche höhere und innere Einheit zu bewirken und zu befestigen im Stande sein.
Berlin, den 21. März 1848. Friedrich Wilhelm.

Zit. nach: www.dokumentarchiv.de

9 Die Revolution kommt auch in der Schule an

Mit folgender Petition wandten sich Schüler des heutigen Rabanus-Maurus-Gymnasiums in Mainz an das damals für Mainz zuständige Ministerium im Großherzogtum Hessen, 8. April 1848

Adresse der vier oberen Klassen des Gymnasiums zu Mainz an das Ministerium des Inneren

Herr Minister!

Eine der zeitgemäßen Entwicklung eines freien Volkslebens durchaus abholde Verwaltung hat das Unterrichtsmachen in diesem Staate in enge Fesseln geschlagen, das System der Bevormundung trat besonders grob hervor in der Gesetzgebung für die gelehrten Schulen. Mit Freuden begrüßen daher wir studierenden Jünglinge eine Zeit, welche uns endlich gestattet, frei selbst vor eine Regierung zu treten und die Wünsche vorzutragen, deren Erfüllung uns und jeden, der es mit wahrer Völkerbildung wohl meint, gewiss mit herzlicher Freude erfüllen würde.

Wir wünschen

1) [...] dass man den Lehrern nicht Rechte zugestehe, welche nur den Eltern gebühren;
2) eine durchaus humane Behandlung von Seiten der Lehrer, Einführung des „Sie" statt des „Du", sowie Abschaffung aller Schimpfwörter;
3) Aufhebung des entwürdigenden Kirchenzwangs, d.h. Erlaubnis für die katholischen Schüler, die Kirche zu besuchen, wann und wo sie wollen;
4) das Recht, Gesellschaften zu anständigen Zwecken zu bilden und fremden anständigen Vereinen beizutreten;
5) Änderung des Lehrsystems, namentlich in Bezug auf die Geschichte. Man nehme dieselbe bis auf die neueste Zeit vor, statt, wie seither, bis 1806, mit besonderer Rücksicht auf die Politik;
6) Anstellung zweier Lehrer der französischen Sprache;
7) Unterricht in englischer Sprache;
8) Unterricht im mündlichen Vortrag. Wir würden gerne eine griechische oder lateinische Lehrstunde entbehren, um für diesen Zweig Zeit zu gewinnen.
9) ein physikalisches, ein besseres chemisches und naturhistorisches Kabinett, oder für letzteres wenigstens freie Benutzung der städtischen Sammlungen. Einen botanischen Garten hat man uns zwar längst versprochen, aber bis jetzt noch keine Anstalt zu seiner Anlegung getroffen;
10) Verbesserung der Gymnasialbibliothek. Dieselbe ist zwar mit medizinischen und juristischen Werken zur Genüge versehen, allein wir vermissen alles für uns Passende, Neuere und Zeitgemäße. Namentlich bemerken wir als einen großen Übelstand, daß Jahre darüber vergehen, bis die wenigen neu angeschafften Werke eingebunden und zur Benutzung gegeben werden;
11) Anschaffung der Schulmaterialien durch das Gymnasium, statt, wie seither, durch die Schüler;
12) Exerzierübungen, sowie Fecht- und Schießunterricht;
13) Verwendung eines Theils des beträchtlichen Universitätsfonds (circa 1.500.000 fl.), welchen der letzte Kurfürst v. Erthal der damaligen Universität Mainz dotierte, zur Bestreitung der Studiengelder hiesiger Studierender;
14) Erlauben wir uns noch schließlich, Ihre Aufmerksamkeit auf ein Directorium zu lenken, das noch Manches zu wünschen übrig läßt.

Alle diese Wünsche, Herr Minister, übergeben wir Ihnen mit der festen Zuversicht, daß uns deren Gewährung baldmöglichst und in dem Maße zu Theil werde, wie sie allgemeiner zeitgemäßer Bildung der Jugend entsprechen, und den gelehrten Schulen denjenigen Standpunkt einräumen könne, welcher denselben unter freien Bürgern und unter einer freisinnigen Regierung gebührt.

Mainz den 8ten April 1848
Die Schüler der vier oberen Klassen

Zit. nach: Franz Dumont, Das Großherzoglich-hessische Gymnasium 1814/16 bis 1918. in: Ferdinand Scherf, Meike Hensel-Grobe, Franz Dumont (Hrsg.): Rabanus-Maurus-Gymnasium Mainz. Die Geschichte der Schule. Mainz und Ruhpolding 2007, S. 119

10 Die Zusammensetzung der Paulskirche nach Berufen:

Beamte	173	Verwaltung
	100	Richter und Staatsanwälte
	124	Lehrer und Professoren
	29	Offiziere und Diplomaten
	16	Pfarrer
Freiberufler	106	Rechtsanwälte
	23	Ärzte
	20	Journalisten
	35	weitere
Großgrundbesitzer und Bauern	43	adlige und bürgerliche Großgrundbesitzer
	3	Bauern
Unternehmer, Kaufleute	56	Unternehmer, Kaufleute
	4	Handwerksmeister

Zahlen nach: Hans-Ulrich Wehler, Deutsche Gesellschaftsgeschichte. Bd. 2, München 1996, S. 367

11 „So viele kämen gar nicht dran ...", 1849

Brief des Abgeordneten Christian Heinrich von Rümelin an seine Frau vom 11. Januar 1849

[...] Heute sitzen wir wieder in der Paulskirche und während einer langweiligen Rede schreib ich Dir geschwind. Die Debatten haben heute angefangen und werden morgen oder übermorgen fortdauern. Ich hab mich auch einschreiben lassen und würde gern [...] sprechen; ich zweifle aber, ob ich dran komme. Es war ein ungeheures Getümmel beim Einschreiben; verschiedene Sekretäre schrieben ein; auf einer Liste bin ich der fünfte; die wurde aber nachher für ungültig erklärt; auf der gültigen bin ich ca. der 60. und so viele kämen gar nicht dran [...].

Zit. nach: Günter Schönbrunn (Bearb.): Das bürgerliche Zeitalter 1815–1914 (Geschichte in Quellen 5). München 1980, S. 166, Nr. 137

12 **a) C. A. Lill, Blick in die Paulskirche**, Farblithographie von 1848; Frankfurt am Main, Historisches Museum
Die Kirche wurde zur Nationalversammlung umgestaltet. Die Orgel wurde durch das Gemälde der Germania verdeckt, der Altar durch einen Vorhang. Die Abgeordneten saßen im Inneren, die Plätze zwischen den Säulen waren für Journalisten gedacht. Die Zuschauer wurden auf der Empore untergebracht.

b) Schematische Darstellung der Gruppierungen in der Paulskirche

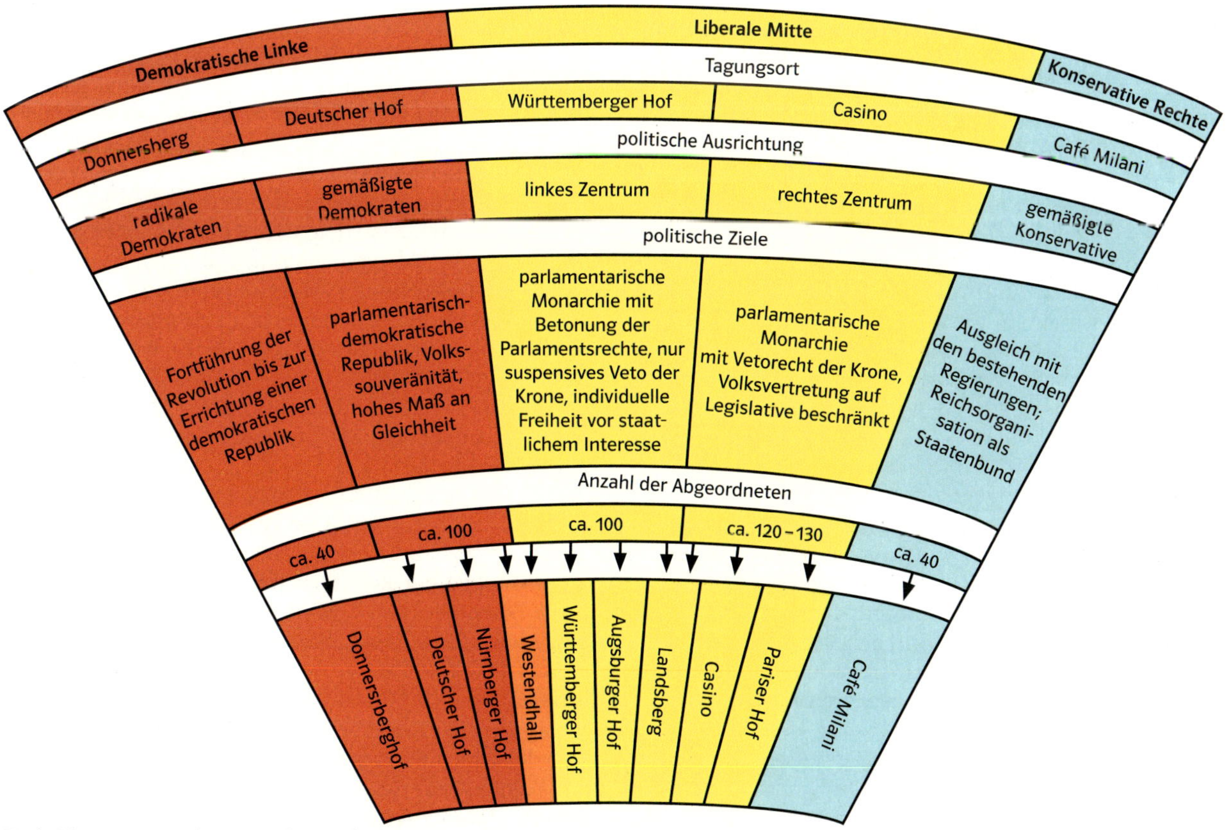

Nach: Thomas Nipperdey: Deutsche Geschichte 1800 – 1866. Bürgerwelt und starker Staat. München 1993, S. 611 f.

13 Die Parlamentsschaukel, Karikatur von F. Pecht, 1848

14 Die Debatte um Posen

Am 24. Juli 1848 stellten 16 Abgeordnete der äußersten Linken den Antrag, die Provinz Posen aus dem Deutschen Bund und die Abgeordneten von dort aus der Nationalversammlung auszuschließen, um internationale Verhandlungen um eine Wiederherstellung Polens vorzubereiten.

a) Aus der Rede des Abgeordneten Jordan, 24. Juli 1848 (zu diesem Zeitpunkt noch Deutscher Hof)

Meine Herren! [...] Es steht als Tatsache fest, dass ein großer Teil von Posen gegenwärtig überwiegend deutsch ist, und von dieser Tatsache haben wir auszugehen [...]. Soll eine halbe Million Deutscher unter deutscher Regierung, unter deutschen Beamten leben, und zum großen deutschen Vaterlande gehören oder sollen sie in der sekundären Rolle naturalisierter Ausländer in die Untertänigkeit einer anderen Nationalität, die nicht soviel humanen Inhalt hat als das Deutschtum gegeben, und herausgestoßen werden in die Fremde? Wer die letztere Frage mit ja beantwortet; wer da sagt, wir sollen diese deutschen Bewohner von Posen den Polen hingeben und unter polnische Regierung stellen, den halte ich mindestens für einen unbewussten Volksverräter. (Bravo!) [...]

Ich sage, die Politik, die uns zuruft: Gebt Polen frei, es koste, was es wolle, ist eine kurzsichtige, eine selbstvergessene Politik, eine Politik der Schwäche, eine Politik der Furcht, eine Politik der Feigheit. Es ist hohe Zeit für uns, endlich einmal aufzuwachen aus jener träumerischen Selbstvergessenheit, in der wir schwärmten für alle möglichen Nationalitäten, während wir selbst in schmachvoller Unfreiheit darniederlagen und von aller Welt mit Füßen getreten wurden, zu erwachen zu einem gesunden Volksegoismus, um das Wort einmal gerade heraus zu sagen, welcher die Wohlfahrt und Ehre des Vaterlandes in allen Fragen oben anstellt. [...]

Die Übermacht des deutschen Stammes gegen die meisten slawischen Stämme, vielleicht mit alleiniger Ausnahme des russischen, ist eine Thatsache, die sich jedem unbefangenen Beobachter aufdrängen muss, und gegen solche, ich möchte sagen, naturhistorische Thatsachen lässt sich mit einem Decrete im Sinne der kosmopolitischen Gerechtigkeit schlechterdings nichts ausrichten. Das ist ein Satz, der so feststeht, wie für uns der Erdball selbst. (Gelächter auf der Linken und im Centrum.) Ich behaupte also, die Eroberungen in Polen waren eine Naturnothwendigkeit. Das Recht der Geschichte ist ein anderes, als das der Kompendien. Es kennt nur Naturgesetze, und eins derselben sagt, dass ein Volksthum durch seine bloße Existenz noch kein Recht hat auf politische Selbstständigkeit, sondern erst durch die Kraft, sich als Staat unter andern zu behaupten. [...]

Stenographische Berichte I, Bd. 2, S. 1143 ff.

b) Aus der Rede des Abgeordneten Arnold Ruge, 24. Juli 1848 (Donnersberger Hof)

Das Erste, was wir in dieser Sache im Ganzen und Großen anzuerkennen haben, das ist der Ausdruck unserer eigenen Nation, wie er im Vorparlament erfolgt ist, dass die Theilung Polens ein schmachvolles Unrecht sei. [...]

Die Intervention der Gewalt und Tyrannei ist überall das schmachvolle Unrecht, die Propaganda der Freiheit und des Humanismus dagegen ist das welthistorische Recht der Völker und ihres Geistes [...].Darum ist es ein richtiges Gefühl, und das Gefühl der Völker irrt sich nicht, dass die Teilung Polens ein schmachvolles Unrecht war. Es ist aber auch ein richtiger Gedanken, denn die Polen sind ein nothwendiges Moment in der europäischen Entwicklung, die Polen können, sie dürfen nicht unterdrückt werden.

[...] im Namen der Humanität und der Gerechtigkeit verlange ich, dass Polen wiederhergestellt werde [...]

Die Frage, die uns hier beschäftigt, ist die Rekonstituierung eines neuen Völkerrechts, die Rekonstituierung der europäischen zivilisierten Nationen [...]. Wie kann die Freilassung Polens geschehen? Sie kann durch Verträge geschehen, an welchen die beiden zivilisierten Nationen Europas teilnehmen, die mit Deutschland, dem befreiten Deutschland, zusammen eine neue Tripleallianz schon darum bilden müssen, weil sie dasselbe denken und im ganzen dasselbe wollen. Es ist möglich, sage ich, dass durch Vereinigung von Frankreich, England und Deutschland jene Emanzipation stattfinde. [...] Wir müssen jetzt das neue Völkerrecht gründen helfen. Ich stelle daher den Antrag:

„In Erwägung, dass die Einverleibung eines Theils des Großherzogthums Posen in den deutschen Bund der endlichen Lösung der europäischen Frage, wie das freie Polen wieder herzustellen sei, vorgreift; in Erwägung ferner, dass diese Wiederherstellung Polens nur durch einen neuen Vertrag aller beim Wiener Frieden betheiligten Mächte zu Stande kommen kann, keinen Theil des Großherzogthums Posen vorläufig in den deutschen Bund aufzunehmen und die für Posen'sche Districte Gewählten zur deutschen Nationalversammlung definitiv nicht zuzulassen, dagegen die Centralgewalt zu beauftragen, in Gemeinschaft mit England und Frankreich einen Congreß zur Wiederherstellung eines freien und unabhängigen Polens, bei welchem alle betheiligten Mächte durch Gesandte zugezogen werden, einzuleiten." [...]

Stenographische Berichte I, Bd. 2, S. 1184–1186

15 Die Frage der Reichsgrenze

a) Die Diskussionsgrundlage für die Debatte bildete der folgende Entwurf vom 19. Oktober 1848:

Abschnitt I Das Reich

Artikel I:

§ 1 Das deutsche Reich besteht aus dem Gebiete des bisherigen deutschen Bundes.

Die Verhältnisse des Herzogthums Schleswig und die Grenzbestimmung im Großherzogthum Posen bleiben der definitven Anordnung vorbehalten.

Artikel 2:

§2 Kein Teil des Deutschen Reiches darf mit nichtdeutschen Ländern zu einem Staat vereinigt sein.

(Zu §2 Minoritäts-Votum. Zusatz: „Insofern die eigenthümlichen Verhältnisse Österreichs die Ausführung dieses §2 und der daraus abgeleiteten Paragraphen hinsichtlich diesselben nicht zulassen, soll die angestrebte Einheit und Macht Deutschlands im größtmöglichen Maße durch den innigsten Anschluss Österreichs an Deutschland im Wege des völkerrechtlichen Bündnisses zwischen der Reichsgewalt und der Österreichischen Regierung erzielt werden." (5 Abgeordnete, u.a. Mühlfeld, unterstützen dieses Votum namentlich)

§3 Hat ein deutsches Land mit einem nichtdeutschen Land dasselbe Staatsoberhaupt, so ist das Verhältnis zwischen beiden Ländern nach den Grundsätzen der reinen Personalunion zu ordnen.

Stenographische Berichte I, Bd. 4, S. 2717

b) Rede des österreichischen Abgeordneten Eugen Megerle von Mühlfeld, 25. Oktober 1848

[...] Es ist richtig, dass, wer ausschließlich das Prinzip der Nationalitäten anerkennt als Regulator der Staatenbildung, Österreich keine weitere Zukunft zuerkennen möge. Allein ich halte dafür, dass das Prinzip der Nationalität nicht das einzig mögliche ist, worauf ein Staat gegründet bestehen kann; ich halte dafür, dass jenes Prinzip, welches von der österreichischen Regierung, dem Reichstage und allenthalben in Österreich ausgesprochen wurde, das Prinzip der Gleichberechtigung der Nationalitäten, eben ein solches Prinzip ist, worauf ein Staat gegründet sein könne, und ich muss gestehen, dass, wenn ich beide Prinzipien vergleiche, ich nicht einen Augenblick zweifelhaft sein möchte, dem Prinzip der Gleichberechtigung der Nationalitäten in einem Staate als dem edleren, größeren und der Humanität entsprechenderen den Vorzug zu geben vor dem Prinzip der Ausschließung [...] allein ich glaube, Österreich, und zwar das neue, freie Österreich hat einen weiteren Beruf erlangt, den höchsten, den es haben kann [...]. Mag es die deutsche Kultur und Sitte nicht mehr nach dem Osten und Südosten zu tragen haben, aber die Freiheit wird das freie Österreich dorthin bringen, und umso leichter und sicherer, wenn es als Föderativstaat mit Gleichberechtigung der verschiedenen Nationalitäten besteht (Bravo!), wenn es den fremden Völkerschaften Freiheit ohne Herrschaft bringt (Bravo!), und wenn es nicht fremde Nationalitäten unterwirft [...]. Warum soll Sie nicht die großartigere Idee zu begeistern vermögen, zu schaffen den deutschen Bundesstaat und neben ihm den österreichischen Föderativstaat, welche, beide national verbunden durch das deutsche Element, [...] grundsätzlich durch einen engen Staatenverband vereint, eine noch nicht da gewesene welthistorische Macht bilden.

Zit. nach: Günter Schönbrunn (Bearb.): Das bürgerliche Zeitalter 1815–1914 (Geschichte in Quellen 5), München 1980, S. 192

c) Aus der Rede des Abgeordneten Heinrich von Gagern, 26. Oktober 1848 (Casino)

Es mag zweifelhaft erscheinen, was bei der Zusammensetzung des österreichischen Staatenkomplexes der nationale Hauptbestandteil sei; das aber ist nicht zweifelhaft, dass, wenn auch das deutsche Element der Zahl der Bevölkerung nach der Minorität, es doch das einflussreichste in dieser Monarchie ist und mehr noch werden muss. Darum, meine Herren, kann ich mich nicht der Ansicht anschließen, die will, dass für Österreich ein Zwang herbeigeführt werde, von den Staaten, die bisher mit ihm zur Staatseinheit verbunden waren, sich staatlich zu trennen, dadurch die Gesamtmonarchie aufzulösen. Um diese Trennung des Deutsch-Österreich von dem nichtdeutschen, um die Auflösung der österreichischen Gesamtmonarchie würde es sich handeln bei der Verwirklichung der §§2 und 3, das ist kein Zweifel, wie man auch von verschiedenen Seiten und von verschiedenen Gesichtspunkten aus diese Frage bemänteln mag. [...] Wir ziehen die deutsch-österreichischen Provinzen in den deutschen Bundesstaat; wir trennen sie von den nichtdeutschen Ländern und Provinzen Österreichs. Diese übrigen Teile Österreichs bleiben aber nun nicht ein vereinter Staat, sondern sie werden nach der Natur der Dinge auseinander fallen, sowie ihnen der gemeinsame Schwerpunkt, der in den deutschen Erbländer liegt, entzogen wäre [...]. Nehmen wir die §§2 und 3 ohne Vorbehalt so an, wie sie geboten sind, und könnten wir Österreich hineinzwingen, so würden wir ein großes Reich zerreißen, seine nichtdeutschen Teile ohne Verbindung hinstellen, ungewiss, welche Einflüsse sich ihrer bemächtigen werden. [...] Ich glaube also, meine Herren, dass wir ein Verhältnis suchen müssen, wobei Österreich nicht genötigt wird, seine deutschen von seinen nichtdeutschen Provinzen abzulösen, dennoch aber im innigsten Verband mit Deutschland erhalten wird. [...] Ist es nicht im Gesamtinteresse der Nation, sowohl Österreichs als des übrigen Deutschlands, dass wenigstens das übrige Deutschland sich fester aneinander anschließe; auch wenn Österreich wegen seiner außerdeutschen Provinzen unter gleichen Bedingungen in diesen engsten Bund nicht eintreten kann; dabei aber nichtsdestoweniger ein enges Bundesverhältnis zwischen Österreich und dem übrigen Deutschland aufrecht erhalten werde?

Zit. nach: Günter Schönbrunn (Bearb.): Das bürgerliche Zeitalter 1815–1914 (Geschichte in Quellen 5). München 1980, S. 195–197

d) Johann Gustav Droysen (Casino) in einem Brief an den Schriftsteller August Kopisch, der dem preußischen Königshaus nahestand, 3. Dezember 1848:

Geehrter Herr! Die deutschen Angelegenheiten sind in das entscheidende Stadium getreten. Wir sind ganz nahe vor der letzten Frage. Von Preußen, von den Hohenzollern erwartet jetzt Deutschland die Antwort. [...]

Die Umstände, sage ich. Es sind ihrer insonderheit drei. Zuerst die Stellung Österreichs. Uns trifft kein Vorwurf der Rücksichtslosigkeit. Wie 1813 haben wir um Österreich geworben; wir haben, die Abgeordneten Preußens mit edelster Selbstverleugnung voran, den Erzherzog erwählt; wir haben sechs Monate geharrt, dass Österreich irgendwie sich zu uns stellte. Während Preußen alles tat, sich ganz hingab, schwieg die Hofburg, das Kabinett, der Reichstag in Wien, und in den Bedrängnissen der dänischen Frage tat man für Deutschland weniger als nichts. Auch dem Befangensten musste es klar werden, dass Österreich, wie nur schon zu lange, Deutschland ins Schlepptau zu nehmen gedenke. [...] Aber Deutschland werde nicht weiter durch Österreich [...] gehemmt. Jetzt fällt Preußens ganzes Gewicht in die Schale, jetzt endlich kann es die große Aufgabe lösen, die ihm seit 1815 Österreich verkümmert hat. [...]

Zit. nach: Rudolf Buchner (Hrsg.): Quellen zum politischen Denken der Deutschen im 19. und 20. Jahrhundert. Freiherr von Stein-Gedächtnisausgabe IV, Darmstadt 1976, S. 402

4

16 Die Wahlrechtsdebatte

a) Entwurf zum Wahlrecht für das Volkshaus, 15. Februar 1849

Artikel I

§1. Wähler ist jeder selbstständige, unbescholtene Deutsche, welcher das fünfundzwanzigste Lebensjahr zurückgelegt hat.

Minoritäts-Antrag: Dieser Paragraph möge lauten: „Wähler ist jeder Deutsche, welcher das fünf und zwanzigste Lebensjahr zurückgelegt hat. (5 Abgeordnete)

§2. Als nicht selbstständig, also von der Berechtigung zum Wählen ausgeschlossen, sollen angesehen werden:

1) Personen, welche unter Vormundschaft [...] stehen oder über deren Vermögen Konkursstand gerichtlich eröffnet worden ist, und zwar letztere während der Dauer des Verfahrens.

2) Personen, welche eine Armenunterstützung aus öffentlichen Mitteln beziehen oder im letzten der Wahl vorhergegangenen Jahre bezogen haben;

3) Dienstboten

4) Handwerksgehilfen und Fabrikarbeiter

5) Tagelöhner

[...]

Stenographische Berichte I, Bd. 8, S. 5218 ff.

b) Aus der Debatte um den Wahlgesetzentwurf, 16.–19. Februar 1849, Auszug aus dem Bericht des Verfassungs-Ausschusses zu diesem Entwurf

Artikel I und II. §1–6. Unter allen politischen Behauptungen und Formeln zugleich die [...] umfassendste ist die von der allgemeinen Gleichheit der Menschen; leicht gesprochen, und ebenso leicht widerlegt oder verspottet, enthält sie doch eine gewaltige Kraft, welche fort und fort arbeitet, um sich Geltung zu verschaffen, welche dann aber freilich in der natürlichen Beschaffenheit der Dinge ihre notwendige Grenze findet. Wenn Geschlecht und Alter auch heute zu Tage noch allgemein für nothwendige Gründe der Unterscheidung gelten, so zweifelten bis vor kurzem wenige, dass Stand und Beruf, Besitz und Vermögen eben sowohl begründete Verschiedenheiten bedingten, dass namentlich die Theilnahme am politischen Leben nicht jedem Erdgebornen in gleichem Umfang zustehen könne. Niemand wird leugnen, dass viel Willkür und ungerechte Beschränkung sich unter diesen Formen verbarg [...]. Die Grundsätze aber, auf denen sie beruhten, waren doch tief in der Natur menschlicher Dinge begründet, und [...] sie ganz zu vernichten, wird keiner Zeit gelingen. Den Besitzenden und Besitzlosen, den selbständig Wirkenden und den Gehülfen oder Diener wird man nie vollständig gleichstellen [...]. Die Mehrheit des Verfassungsausschusses war darin einig, dass bei direkter Wahl eine Beschränkung des allgemeinen Stimmrechts nothwendig sei. Keine Staatsordnung, möge sie sein welche sie wolle, wird bestehen [...], wenn die Entscheidung aller politischen Fragen in die Hände der großen Masse, die sich nur zu oft willenlos leiten lässt und launenhaft Tag um Tag dem einen oder andern Führer folgt, gelegt wird. [...]

Stenographische Berichte, Bd. 7, S. 5222

c) Aus der Rede des Reichsministers Hermann von Beckerath, 16. Februar 1849

Hermann von Beckerath war ein preußischer Bankier, der sich als Abgeordneter der Paulskirche der Casino-Fraktion anschloss. Im August 1848 wurde er Reichsfinanzminister in der provisorischen Zentralgewalt.

Meine Herren! Der vorige Redner hat die Ansicht ausgesprochen, dass die sozialen Übel der Gegenwart allein dadurch geheilt werden könnten, dass diejenigen Klassen der Gesellschaft, welche vorzugsweise unter jenen Übeln zu leiden haben, zur politischen Berechtigung im Staate herangezogen werden. Das ist ein Irrthum, meine Herren, Ein Irrthum, der dadurch erklärlich ist, dass unser Volk bis hierher der Mitwirkung im Staate fast gänzlich entbehrt hat, und dass in dem Augenblicke, wo es dieselbe erlangte, die Ansicht nahe liegt, es könne diese Mitwirkung nicht anders heilsam, als in dem schrankenlosesten Umfange stattfinden. [...] Wir können es nicht verkennen, und wir müssen es beklagen, dass in unserem Vaterlande, das in mancher Beziehung hoch steht, doch noch ein großer Teil der Bevölkerung sich in einem Zustande befindet, in welchem er alle ihm zu Gebote stehenden Kräfte dazu zu verwenden hat, dass die äußerste Notdurft des Lebens befriedigt werde, in welchem der Blick nicht über dieses nächste Ziel hinausreicht, und in welchem auch der geringste Grad von Einsicht in politischen Dingen nicht anzutreffen ist. Das ist eine Tatsache, die nicht geleugnet werden kann. Die Klassen also, die nun urplötzlich, nachdem sie nie vorher in die Lage kamen, nachzudenken über das Wesen des Staates, berufen werden, eine so wichtige Entscheidung zu treffen, werden entweder das blinde Werkzeug anderer, die sie zu ihren Zwecken missbrauchen, oder sie verfallen irgendeinem anderen Irrtum, und es kann dadurch dasjenige, was um ihrer selbst willen befördert werden muss, das Wohl des Staates, nur gefährdet werden. Wenn wir aber diese Überzeugung gewinnen und sie uns zur Richtschnur dienen lassen, so können wir andererseits die Aufgabe des Staates nicht verkennen, durch alle ihm zu Gebote stehenden Mittel, durch Schuleinrichtungen nicht allein, sondern auch durch andere Bildungsanstalten und selbst durch Beförderung geeigneter Assoziationen dahin zu wirken, dass Einsicht und Befähigung sich in immer weiteren Kreisen verbreiten; [...] Meine Herren! Nicht allein können die sozialen Übel durch das allgemeine Stimmrecht nicht geheilt werden, sondern es liegt auch darin eine große Gefahr für die Freiheit; denn werden durch das allgemeine Stimmrecht Volksvertretungen geschaffen, die keine Wurzel schlagen im sittlichen Bewusstsein des Volkes, so wird die Regierungsform des Absolutismus wieder neue Kraft erlangen. Das Bedürfnis der Ordnung im Staate ist so dringend und mächtig, dass da, wo es nicht befriedigt werden kann, alles andere hintangesetzt wird, und dass, wenn keine Ordnung mit der Freiheit möglich ist, man die Freiheit fahren lässt und nach der Ordnung greift. [...]

Stenographische Berichte I, Bd. 7, S. 5246–5248

d) Aus der Rede des Abgeordneten Pfeiffer (in Erwiderung auf Beckerath)

Meine Herren! [...] Wenn man nicht wüsste, dass dieses Reichsgesetz über die Wahlen der Abgeordneten zum Volkshause [...] aus einer Versammlung hervorgegangen ist, die gleich bei ihrem ersten Zusammentritte in überwiegender Majorität, ja fast einstimmig die Souveränität der Nation proclamirt hat, man sollte es nicht für möglich halten. [...]; das habe ich aber nicht geahnt, dass man uns nun zuletzt den Vorschlag machen würde, die größere Hälfte der Urwähler, die uns hierher geschickt hat, für politisch unselbständig und unmündig zu erklären (Bravo auf der Linken). Ich kenne nur eine Selbständigkeit, und das ist die Selbständigkeit der Gesinnung, allerdings ein sehr erwünschtes Erfordernis bei Ausübung des Wahlrechts;

aber ich kenne keine äußere Lebensstellung, von der aus man mit Sicherheit, mit entschiedener Gewissheit einen Rückschluss auf diese Selbständigkeit der Gesinnung, auf das Vorhandensein derselben oder ihren Mangel machen kann. Kein Lebensverhältnis, kein Beruf enthält an sich eine Bürgschaft selbständiger Gesinnung, am wenigsten oft die der höher Gestellten. Ich brauche Sie nur an so manche Beamte zu erinnern, die im März von liberalen Ansichten überflossen und schon im November ihr reaktionäres Polizeigesicht wieder annahmen [...]. Bedenken Sie, wie die Zerrüttung unserer sozialen Verhältnisse Tausende von Arbeitern und Handwerkern recht eigentlich an den Bettelstab gebracht, und wie viele tüchtige und redliche Männer, die es sonst nicht bedurften, den sauren Weg haben gehen müssen, aus öffentlichen Mitteln Armenunterstützung zu suchen. Wollen Sie die dürftige Gabe noch dadurch verbittern, dass Sie sie des Rechts berauben, teilzunehmen an der Wahl der Vertreter, die auch für sie eine bessere Zukunft des Vaterlandes herbeiführen sollen? [...]. Das andere, worauf ich Sie hinweisen wollte – es ist eine Erinnerung an unsere Revolution [...]. die überwiegend große Mehrzahl derer, die ihr Leben, ihr Blut für die Revolution, für die Sache der Freiheit und der Rechte des Volkes eingesetzt hatten – es waren eben Handwerksgehilfen, Fabrikarbeiter, Tagelöhner (Bravo auf der Linken.) Sie werden ihnen das Recht, das sie für sich und ihren Stand auf den Barrikaden erkämpft haben, nicht durch Annahme eines Paragraphen wieder nehmen (Bravo auf der Linken), und wenn Sie es tun, dann werfen Sie die Saat aus zu einer neuen Revolution [...]. Meine Herren, ehren sie die Arbeit, sie ist die Grundlage aller sozialen Ordnung, sie ist die einzige sichere Quelle zum Wohlstand des Staates! Deshalb aber auch ehren Sie die Arbeiter; nehmen Sie ihnen nicht das freudige Gefühl, dass sie gleichberechtigt sind mit allen anderen Staatsbürgern! (Lebhafter anhaltender Beifall auf der Linken.)

Stenographische Berichte I, Bd. 7, S. 5248–5249

e) Protokollauszug der weiteren Debatte

Präsident: Herr Bassermann hat das Wort

Bassermann von Mannheim: [...] Wenn ich von Dem, Welcher soeben sprach, immer wieder von der Arbeit reden höre, und mit diesem Worte immer nur den Begriff verbunden sehe bloß derjenigen Arbeit, welche von Handwerksgehilfen und Tagelöhnern verrichtet wird, dann, meine Herren, überfällt mich eine gewisse Trauer (Auf der Linken: Ah! Heiterkeit)

Präsident: Ich bitte um Ruhe!

Bassermann: Ich sage, dann befällt mich eine gewisse Trauer deshalb, dass selbst Männer wie Herr Löwe sich in diesen Begriff hineingedacht haben, der zu den unseligsten Schlussfolgerungen führen muss. Wenn man solche Sätze aufstellen hört, so sollte man glauben, der Handwerksmeister, der Denjenigen, welchen Sie Arbeiter nennen, beschäftigt, der durch Talent, Fleiß, Sorgsamkeit für seine Kundschaft Leben und Erwerb in seine Gemeinde bringt, der sei kein Arbeiter! Dann sollte man glauben, der Industrielle, welcher durch Verpflanzung von Maschinen aus fremden Ländern, durch glückliche Speculationen und durchdachte Kombinationen neue Industriezweige in sein Vaterland bringt, und damit viele Familien ernährt, er sei kein Arbeiter! [...] ist auch Derjenige, welcher in der Studier- oder Schreibstube arbeitet, der die Schätze anderer Länder [...] sammelt, der auf dem Katheder durch Bildung unserer Jugend, oder im Rathe der Fürsten für seines Vaterlandes Wohl sorgt, kein Arbeiter? Denn, was Sie Arbeit nennen ist ja nur immer das gehässige Gegenüberstellen von der rohen Handarbeit der Tagelöhner und Handwerksgehilfen gegen alle edlere geistige Arbeit des Kaufmanns, Fabrikherrn, der Professoren und Staatsbeamten, der sogenannten Bourgeoisie, wie Sie diese Klassen nennen. Das hängt damit zusammen, dass man die Sache nach der untersten Stufe benennt, auf welcher sie erst recht beginnt, und nicht nach der, auf welcher sie sich veredelt hat.

[...] Sonst suchte man den Begriff des Volkes in dessen Kern; Gerade in dem Bürgerthume, dem Mittelstande, den man jetzt nachäffend Bourgeoisie nennt, suchte man die wahren Repräsentanten des Volkes. Aber jetzt ist es für diese Herren zweifelhaft, ob sie den Bürger, welcher durch Talent, Fleiß und Mäßigkeit sich ein Besitzthum erworben hat, dessen Bestreben dahin geht, sein Errungenes für seine Kinder, seine Familie zu erhalten, ob sie einen solchen Bürger zum Volke rechnen sollen. Dass aber Derjenige, welcher sich nicht angestrengt, der verschuldet oder unverschuldet in Ungebildetheit verblieben ist, der seine ganze Weisheit aus irgend welcher Phrase, oder irgend einem Localblättchen schöpft, zum Volke gerechnet werden müsse, Das ist bei diesen Herren kein Zweifel (Auf der Rechten: Bravo! Sehr gut! Auf der Linken Heiterkeit) [...] Denn was hat der deutschen Nation von je ihre Zierde und ihren Stolz gegeben? Sind es denn nicht jene Männer, die nach Ihren Begriffen nicht zu den Arbeitern, die nach Ihren Begriffen nicht zu dem Volke gehören? (Stimmen auf der Linken: Das ist nicht wahr!) Es war doch Herder ein Geistlicher; es war doch Goethe ein Minister, und es war doch Schiller einer der geschmähten Professoren?! (Gelächter auf der Linken; Bravo auf der Rechten. Unruhe.)

Präsident: Meine Herren! Ich bitte um Ruhe; das Widerlegen bleibt dem nachfolgenden Redner vorbehalten. Es wird doch zulässig sein, dass ein Redner in diesem Hause auch diese Meinung ohne Unterbrechung ausspreche (eine Stimme auf der Linken: Es ist ja bloß Heiterkeit!), ebenso wie die entgegengesetzten Ansichten ohne Störung ausgesprochen worden sind. Herr Bassermann! Wollen Sie fortfahren.

Bassermann: Ich werde fortfahren, wenn es ruhiger ist. – [...] Meine Herren! Wenn Sie das Wahlrecht an irgend einen Besitz, und sei es ein kleiner nur, binden, dann erst werden Sie am Besten beruhigend auf die Arbeiterklassen wirken, indem diese dann, wenn sie wirklich einen Werth auf ein politisches Recht legen, durch Fleiß und Thätigkeit einen Besitz zu erlangen suchen werden, der sie zur Ausübung des Stimmrechts befähigt. [...]

Stenographische Berichte, Bd. 7, S. 5250ff.

17 Die Oberhauptsfrage

a) „Volkswille", Karikatur von 1849
„Un e Republik will ich hawe, und wenn's mei Läwe gild!" – „Un e Kaiser will ich hawe, un wenn's mein Kopp kost!"

b) Rede des Abgeordneten Marquard Barth über die Oberhauptsfrage, 18. Januar 1849 (Augsburger Hof)

Und wenn man uns nun fragt, wie soll die künftige Spitze des Deutschen Reiches eingerichtet sein, so bin ich der Meinung, des Reiches Oberhaupt soll nicht des Schattens Schatten sein; nur ein Kaiser kann es sein, und der Mächtigste sei Kaiser. [...] Was will die Nation, was wollen wir? Dass das Deutschland, dessen Kaiser einst dem Abendland geboten und welches bei der Teilung der neuen Welt so ganz vergessen worden, dass es auch nicht einen Fußbreit Boden sein nennen kann jenseits des Ozeans, dass das Deutschland, dessen Hanse die Meere beherrschte zu einer Zeit, als England noch nicht daran dachte, eine Seemacht zu sein, und das jetzt kein Schiff, kein Kanonenboot auffinden konnte, um seinen Handel gegen jene Dänen, ehemals des Reiches Vasallen zu schützen, dass das Deutschland, welches einst dem schlichten Grafen von Habsburg die Kaiserkrone aufsetzte und von dem man jetzt sagt, es habe keine Geschichte, dass dieses Deutschland, sage ich, aufhöre, der Hohn und der Spott der Nationen zu sein, und die Stelle wieder einnehme, welche ihm gebührt vermöge seiner Lage und mehr noch vermöge seiner Kulturstufe und vermöge der Tugenden seines Volkes. Macht ist es, meine Herren, was die Nation von uns verlangt, und als Mittel zur Macht die Einheit, [...] Nur wenn es klar hervortritt, dass Deutschland aufgehört hat, ein Durcheinander zu sein, und ein Bundesstaat geworden ist, nur wenn es klar hervortritt, dass das Reich wirklich eine Bedeutung und dass die Reichsgewalt wirklich eine Gewalt, nur dann wird unser Werk Glauben finden beim Auslande wie beim eigenen Volke, nur dann werden wir Ansehen haben und Kredit. [...] Wenn Sie dem deutschen Staate Glauben verschaffen wollen bei den europäischen Mächten, so geben Sie ihm nicht eine Spitze, welcher jedermann gleich von vornherein ansieht, dass sie kein eigentliches Dach sei, sondern dass nur dem Bauherrn die Mittel ausgegangen seien zum Weiterbaue, oder dass die schlechte Jahreszeit ihn erreichte, ihn hinderte am Ausbau seines Werkes, und ihn bewog, ein schlechtes Bretterdach über das unvollendete Werk zu setzen, um es notdürftig zu schützen gegen Wind und Wetter für den Augenblick. (Stimmen auf verschiedenen Seiten: „Sehr gut"!) Wenn Sie den Turnus wählen oder das Direktorium, [...], so haben Sie die Revolution nicht beendigt, nur vertagt. Aber auch das Wahlkaisertum ist keine Staatsform, die uns nutzen könnte; wir haben kein Beispiel, dass Wahlkönige einem Lande Nutzen gebracht haben.

Zit. nach: Rudolf Buchner (Hrsg.): Quellen zum politischen Denken der Deutschen im 19. und 20. Jahrhundert. Freiherr von Stein-Gedächtnisausgabe IV, Darmstadt 1976, S. 396 ff., gekürzt und vereinfacht M. Hensel-Grobe

c) Rede des Abgeordneten Friedrich Schüler (Donnersberger Hof)

Meine Herren! Wir sind an einem der wichtigsten und folgenreichsten Abschnitte des Verfassungswerkes angekommen, an einem Teile, welcher, wie schon öfters gesagt worden ist, das Dach auf den ganzen Bau aufsetzen soll. Es ist zugleich ein Abschnitt, welcher vorzugsweise geeignet ist, die Leidenschaften hervorzurufen, und zwar nicht allein die Parteileidenschaft der Prinzipien, sondern was noch viel verderblicher ist, die Leidenschaften der territorialen und partikularistischen Parteien; denn nicht die Parteien der Prinzipien sind es, welche Deutschland zerrissen haben und ferner zerreißen werden, sondern die Parteien der dynastischen und territorialen Unterschiede [...]. Es sind Ihnen bezüglich der Oberhauptsfrage verschiedene Vorschläge gemacht worden ... Sie sind alle von gleichem Werte, das heißt, sie taugen alle nichts. Ich kann das auch hier sagen, jedoch, wie sich von selbst versteht, meinen Vorschlag ausgenommen (Heiterkeit). [...] Betrachte ich zunächst die von anderen Seiten vorgebrachten Vorschläge, so erwähne ich zuerst diejenigen, welche die Reichsregierungsgewalt verschiedenen Fürstenhäusern übertragen wollen, sei es so, dass sie gemeinschaftlich und zugleich regieren sollen in einem drei- oder fünfköpfigen Direktorium oder so, dass man verschiedene Fürstenhäuser nacheinander in einem gewissen Turnus berufen will. Wollen Sie ein Direktorium beschließen, so würden Sie niemals eine Einheit Deutschlands herstellen können; Sie würden vielmehr damit weiter nichts tun als die Zerrissenheit und den Partikularismus aufs neue sanktionieren. (Stimmen auf der Rechten: Sehr richtig!) Die Einheit, meine Herren, kann nur dadurch entstehen, dass das Volk einig ist, nicht aber durch die Vereinigung der verschiedenen Fürsten. Das Direktorium würde eine Anarchie von oben sein. [...] Das Wohl unseres Vaterlandes würde so gefördert werden wie ein Wagen, an welchen man an allen Seiten Pferde spannt, welche zugleich nach vorn, nach hinten, nach rechts und nach links ziehen. (Beistimmung von mehreren Seiten) [...].
Ich komme nun auf die Vorschläge, welche uns mit einem Kaiser beglücken wollen. Sie wollen entweder ein Wahlreich, sei es auf lebenslang oder auf bestimmte Jahre, oder sie wollen ein erbliches Kaiserreich. Diejenigen, welche ein Wahlreich wollen, wollen den Kaiser durch die Fürsten wählen lassen. Eine solche Einrichtung würde alle Mängel des dynastischen und partikularistischen Prinzips haben, ohne die Vorteile der Stetigkeit und Festigkeit der Regierung, welche die Erblichkeit gibt; es würden die Mängel beider Prinzipien miteinander verbunden werden. [...] – Andere wollen daher eine Erblichkeit der Kaiserwürde. Ich für meine Person finde die Erblichkeit der höchsten Würde mit dem demokratischen Prinzip, welchem ich huldige, nicht unvereinbar (Bravo!); ich verkenne nicht die Vorteile, welche die Erblichkeit in Beziehung auf die Stetigkeit und Festigkeit der Politik geben kann, dann nämlich, wenn das Interesse der Dynastie mit dem Interesse des Volkes zusammenfällt. Ein persön-

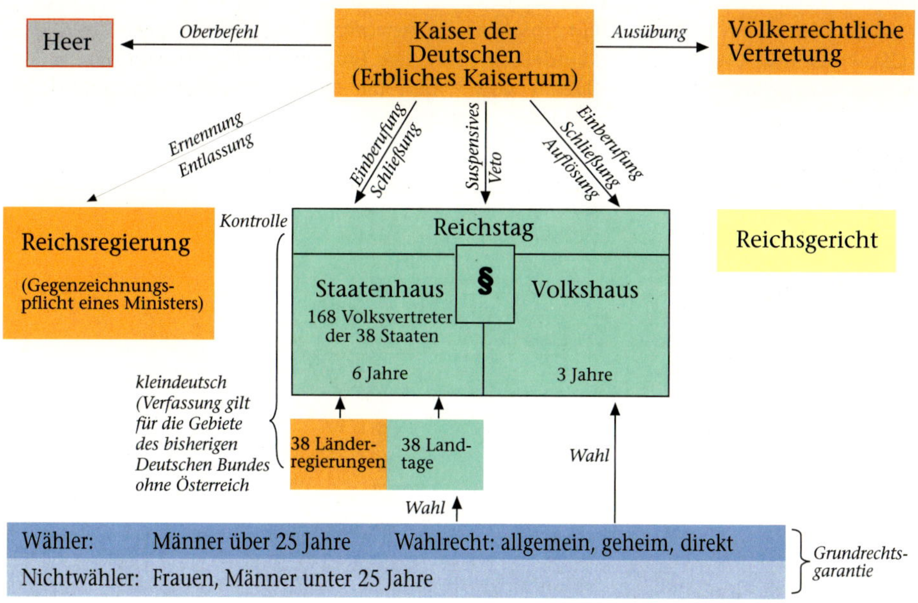

18 **a) Schema der Verfassung**, die am 27. März 1849 in der Paulskirche angenommen und am 28. März in Kraft gesetzt wurde

licher, sichtbarer, bleibender Repräsentant der Staatsidee und der Volkseinheit, dessen Würde von Geschlecht zu Geschlecht sich forterbt, gibt einen Mittelpunkt, an welchen der sinnliche Mensch sich leichter anklammert als an eine abstrakte Idee. Allein dem ungeachtet glaube ich, dass wenigstens unter den vorhandenen Umständen ein erblicher Kaiser für Deutschland ganz unmöglich ist, denn wir haben ja in Deutschland bereits 34 erbliche Monarchen; ich dächte, das sei doch einstweilen genug (Heiterkeit in der Versammlung) […] Es wird nirgends geleugnet, wenn man von einem deutschen Kaiser spricht, dass man dabei an niemand anders denkt als an die Krone Preußen und dass die Frage eines deutschen Kaisers und die Frage der Hegemonie Preußens gleichbedeutend ist […]. Warum will man Preußen an die Spitze stellen? Weil es eine überwiegende Macht hat, weil ihm eine große materielle Gewalt zur Seite steht. Gerade darum aber will ich Preußen nicht an der Spitze. Wenn Sie eine Herrschaft gründen, die nicht von dem ganzen deutschen Volke ausgeht und nicht das deutsche Volk repräsentiert, so gründen Sie ein Reich der Gewaltherrschaft, der Rechtsungleichheit, mithin der Ungerechtigkeit. Sie gründen ein Reich, als dessen Prinzip Sie anerkennen, dass der eine Stamm herrscht, und die anderen dienen; das ist aber keine Einheit beruhend auf der Rechtsgleichheit aller, sondern eine Einheit beruhend auf der Gewalt, auf der Macht des Stärkeren, ruhend auf der Unterordnung der Schwächeren unter die Mächtigen […]. Wie sollte es möglich sein, die Hegemonie Preußens ins Leben zu führen? Die Verteidiger dieses Planes gestehen selbst und setzen voraus, dass dann Österreich aus Deutschland ausscheiden müsste. […]
Nicht die Fürsten sollen das Oberhaupt wählen, welche immer von ihren dynastischen Interessen ausgehen würden und sich schwerlich vereinigen können, sowie sie sich bisher in Deutschland noch über nichts als Polizeimaßregeln vereinigen konnten; sondern der Reichstag soll wählen, welcher allein das Interesse Deutschlands vor Augen haben wird und haben muss. Wir wollen keine Erblichkeit der höchsten Gewalt. […] Wir verlangen eine republikanische Spitze, welche über den einzelnen Dynastien steht. […]

Stenographische Berichte I, Bd. 6, S. 4694 ff.; zit. nach: Günter Schönbrunn (Bearb.): Das bürgerliche Zeitalter 1815–1914 (Geschichte in Quellen 5). München 1980, S. 211–213

b) Abschnitt VI: Die Grundrechte des deutschen Volkes

§ 130 Dem deutschen Volke sollen die nachstehenden Grundrechte gewährleistet sein. Sie sollen den Verfassungen der deutschen Einzelstaaten zur Norm dienen, und keine Verfassung oder Gesetzgebung eines deutschen Einzelstaates soll dieselbe je aufheben oder beschränken können.

Artikel I

§ 131 Das deutsche Volk besteht aus den Angehörigen der Staaten, welche das deutsche Reich bilden.

§ 132 Jeder Deutsche hat das deutsche Reichsbürgerrecht. […]

§ 133 Jeder Deutsche hat das Recht, an jedem Orte des Reichsgebietes seinen Aufenthalt und Wohnsitz zu nehmen, Liegenschaften jeder Art zu erwerben und darüber zu verfügen, jeden Nahrungszweig zu betreiben, das Gemeindebürgerrecht zu gewinnen. […]

§ 135 Die Strafe des bürgerlichen Todes soll nicht stattfinden, und da, wo sie bereits ausgesprochen ist, in ihren Wirkungen aufhören, soweit nicht hierdurch erworbene Privatrechte verletzt werden. […]

Artikel II

§ 137 Vor dem Gesetz gilt kein Unterschied der Stände. Der Adel als Stand ist aufgehoben. Alle Standesvorrechte sind abgeschafft. Die Deutschen sind vor dem Gesetze gleich. Alle Titel, insoweit sie nicht mit einem Amte verbunden sind, sind aufgehoben […] Die öffentlichen Ämter sind für alle Befähigten gleich zugänglich. Die Wehrpflicht ist für alle gleich; […]

Artikel III

§ 138 Die Freiheit der Person ist unverletzlich. [….]

§ 139 Die Todesstrafe, ausgenommen wo das Kriegsrecht sie vorschreibt, oder das Seerecht im Fall von Meutereien sie zulässt, so wie die Strafen des Prangers, der Brandmarkung und der körperlichen Züchtigung, sind abgeschafft.

§ 140 Die Wohnung ist unverletzlich. […]

§ 142 Das Briefgeheimnis ist gewährleistet. […]

Artikel IV

§ 143 Jeder Deutsche hat das Recht, durch Wort, Schrift, Druck und bildliche Darstellung seine Meinung frei zu äußern.
Die Pressefreiheit darf unter keinen Umständen und in keiner Weise durch vorbeugende Maßregeln […] beschränkt, suspendiert oder aufgehoben werden. […]

Artikel V

§ 144 Jeder Deutsche hat volle Glaubens- und Gewissensfreiheit. Niemand ist verpflichtet, seine religiöse Überzeugung zu offenbaren. […]

§ 150 Die bürgerliche Gültigkeit der Ehe ist nur von der Vollziehung des Civilactes abhängig; die kirchliche Trauung kann nur nach der Vollziehung des Civilactes stattfinden.

Die Religionsverschiedenheit ist kein bürgerliches Ehehindernis. […]

Artikel VI

§ 153 Die Wissenschaft und Lehre ist frei.

Das Unterrichts- und Erziehungswesen steht unter Oberaufsicht des Staates, und ist, abgesehen vom Religionsunterricht, der Beaufsichtigung der Geistlichkeit als solcher enthoben.

§ 154 Unterrichts- und Erziehungsanstalten zu gründen, zu leiten und an solchen Unterricht zu erteilen, steht jedem Deutschen frei, wenn er seine Befähigung der betreffenden Staatsbehörde nachgewiesen hat.

Der häusliche Unterricht unterliegt keiner Beschränkung.

§ 155 Für die Bildung der deutschen Jugend soll durch öffentliche Schulen überall genügend gesorgt werden.

Eltern dürfen ihre Kinder nicht ohne den Unterricht lassen, welcher für die unteren Volksschulen vorgeschrieben ist. […]

§ 158 Es steht einem Jeden frei, seinen Beruf zu wählen und sich für denselben auszubilden, wie und wo er will.

Artikel VIII

§ 161 Die Deutschen haben das Recht, sich friedlich und ohne Waffen zu versammeln; einer besonderen Erlaubnis dazu bedarf es nicht. […]

§ 162 Die Deutschen haben das Recht, Vereine zu bilden. Dieses Recht soll durch keine vorbeugende Maßregeln beschränkt werden. […]

Zit. nach: Ernst Rudolf Huber: Deutsche Verfassungsdokumente. Bd. 1, Berlin 1973, S. 375 ff.

19 Die Ablehnung der Kaiserkrone

a) Brief Friedrich Wilhelms IV. an König Ernst August von Hannover über die Ablehnung der Kaiserkrone, 5. April 1849

Ich habe alles, was ich konnte, getan, um die affreuse Deputation von Berlin abzuhalten. Das Ministerium stimmte leider nicht mit mir. Der offizielle Weg war also verschränkt. Dennoch schrieb ich 2 Antworten an den alten Arndt und an Herrn von Beckerath auf dringende Briefe. Diese Antworten waren geharnischt und deutlich, und ich erklärte ihnen, von einer eigentlichen Antwort könne notwendigerweise gar nicht die Rede gegenüber dieser Deputation sein. Man nähme nur das an und schlüge nur das aus, was angeboten werden könne. Die Paulskirche aber habe keine Krone anzubieten und ich folglich keine auszuschlagen und anzunehmen. Diese so genannte Krone sei aber schon an sich keine Krone, wohl aber ein Hundehalsband, mit dem man mich an die Revolution von 48 ketten wolle. Und dazu wäre ich zu gut. Die Herren möchten also alles, was sie könnten, tun, um das Skandal dieser Deputation abzuwenden. Wie Sie, gnädigster König, es so richtig sagen, alle die zu Frankfurt tagen, sind verdreht, in Souveränitätsschwindel besoffen. Die Herren habe nicht getan, was ich sie bat, und so ist diese inqualifiable Deputation gekommen. […] Ich wollte eine derbe Antwort geben. Da aber die Sachen nun einmal wirklich bis zu dem Punkt gediehen waren, so hab' ich dem Rat des Ministerii nachgegeben und freundlich, ja verbindlich geantwortet und das Nein in flittergestickte Windeln gehüllt. Die braven Frankfurter sind aber nicht dumm und haben die Windeln weggeworfen und das Nein allein herausgenommen, woran sie ganz recht getan und mir eine große Freude macht haben. […]

Zit. nach: Günter Schönbrunn (Bearb.): Das bürgerliche Zeitalter 1815–1914 (Geschichte in Quellen 5). München 1980, S. 177

b) Karikatur auf die Ablehnung der Kaiserkrone, Lithographie von F. Schröder, 1849; rechts im Hintergrund König Friedrich Wilhelm IV.
Germania fragt von Gagern: „Wat heulst'n kleener Hampelmann?“ – „Ick habe Ihr'n Kleenen 'ne Krone jeschnitzt, nu will er se nich!“

c) Aufruf König Friedrich Wilhelms IV. an das preußische Volk über die deutsche Verfassung vom 15. Mai 1849

An Mein Volk!

Unter dem Vorwande der deutschen Sache haben die Feinde des Vaterlandes zuerst in dem benachbarten Sachsen, dann in einzelnen Gegenden von Süddeutschland die Fahne der Empörung aufgepflanzt. Zu Meinem tiefen Schmerze haben auch in einigen Theilen unseres Landes Verblendete sich hinreißen lassen, dieser Fahne zu folgen und unter denselben, im offenen Aufruhr gegen die rechtmäßige Obrigkeit, göttliche und menschliche Ordnung umzustürzen.

In so ernster und gefahrvoller Zeit drängt es Mich, ein offenes Wort zu Meinem Volke zu reden:

Ich habe auf das Anerbieten einer Krone seitens der deutschen National-Versammlung eine zustimmende Antwort nicht erteilen können, weil die Versammlung nicht das Recht hatte, die Krone, welche sie mir bot, ohne Zustimmung der deutschen Regierungen zu vergeben, weil sie Mir unter der Bedingung der Annahme einer Verfassung

angetragen ward, welche mit den Rechten und der Sicherheit der deutschen Staaten nicht vereinbar war.
Ich habe fruchtlos alle Mittel versucht und erschöpft, zu einer Verständigung mit der deutschen National-Versammlung zu gelangen. Ich habe Mich vergebens bemüht, sie auf den Standpunct ihres Mandats und des Rechtes zurückzuführen, welches nicht in der eigenmächtigen und unwiderruflichen Feststellung, sondern in der Vereinbarung einer deutschen Verfassung bestand, und selbst nach Vereitelung Meiner Bestrebungen habe Ich in der Hoffnung einer endlichen friedlichen Lösung nicht mit der Versammlung gebrochen.
Nachdem dieselbe aber durch Beschlüsse, gegen welche treffliche Männer fruchtlos ankämpfen, ihrerseits den Boden des Rechtes, des Gesetzes und der Pflicht gänzlich verlassen, nachdem sie uns um deshalb, weil wir dem bedrängten Nachbar die erbetene Hülfe siegreich geleistet, des Friedensbruchs angeklagt, nachdem sie gegen uns und die Regierungen, welche sich mit mir den verderblichen Bestimmungen der Verfassung nicht fügen wollten, zum offenen Widerstande aufgerufen, jetzt hat die Versammlung mit Preußen gebrochen. [...] In der Versammlung herrscht jetzt eine Partei, die im Bunde steht mit den Menschen des Schreckens, welche die Einheit Deutschlands zum Vorwande nehmen, in Wahrheit aber den Kampf der Gottlosigkeit, des Eidbruches und der Raubsucht gegen die Throne entzünden, um mit ihnen den Schutz des Rechtes, der Freiheit und des Eigenthums umzustürzen. [...] Meine Regierung hat mit den Bevollmächtigten der größeren deutschen Staaten, welche sich mir angeschlossen, das in Frankfurt begonnene Werk der deutschen Verfassung wieder aufgenommen.
Diese Verfassung soll und wird in kürzester Frist der Nation gewähren, was sie mit Recht verlangt und erwartet: ihre Einheit, dargestellt durch eine einheitliche Executiv-Gewalt, die nach außen den Namen und die Interessen Deutschlands würdig und kräftig vertritt, und ihre Freiheit, gesichert durch eine Volks-Vertretung mit legislativer Befugnis. Die von der National-Versammlung entworfene Reichs-Verfassung ist hierbei zu Grunde gelegt, und sind nur diejenigen Puncte derselben verändert worden, welche, aus den Kämpfen und Zugeständnissen der Parteien hervorgegangen, dem wahren Wohle des Vaterlandes entschieden nachtheilig sind. [...]
Preußen ist dazu berufen, in so schwerer Zeit Deutschland gegen innere und äußere Feinde zu schirmen, und es muss und wird diese Pflicht erfüllen. [...].
Es gilt, Ordnung und Gesetz herzustellen im eigenen Lande und in den übrigen deutschen Ländern, wo unsere Hülfe verlangt wird; es gilt, Deutschlands Einheit zu gründen, seine Freiheit zu schützen vor der Schreckens-Herrschaft einer Partei, welche Gesittung, Ehre und Treue ihren Leidenschaften opfern will, einer Partei, welcher es gelungen ist, ein Netz der Bethörung und des Irrwahns über einen Theil des Volkes zu werfen. [...]
Steht mein Volk zu Mir, wie Ich zu ihm in Treue und Vertrauen einträchtig, so wird uns Gottes Segen und damit ein herrlicher Sieg nicht fehlen.
Friedrich Wilhelm, Graf v. Brandenburg

Zit. nach: Ernst Rudolf Huber: Deutsche Verfassungsdokumente. Bd. 1, Berlin 1973, S. 402 ff.

Arbeitsvorschläge:

1. Klären Sie, welche Bevölkerungsgruppen an der Revolution und den Barrikadenkämpfen teilnahmen. Wie stellt der Maler die Barrikadenkämpfe dar (M 1)?
2 Ordnen Sie die „Forderungen des deutschen Volkes“ in den historischen Kontext des Vormärz ein. Erläutern Sie dabei auch die politischen, gesellschaftlichen und sozialen Missstände, aus denen die Forderungen resultieren (Kapitel 3). Diskutieren Sie abschließend, ob die Überschrift „Forderungen des deutschen Volkes“ gerechtfertigt ist (M 6).
3. Erklären Sie, warum die Szene „Eid auf die Freiheit“ so unterschiedlich bewertet wurde. Welche Wirkung war damit verbunden (M 6)?
4. Friedensangebot“ oder „Kapitulationserklärung“ – Wie würden Sie die Proklamation Friedrich Wilhelms charakterisieren? Begründen Sie Ihre Meinung (M 8).
5. Erarbeiten Sie aus der Petition die Einstellung der Schüler zu der Schule und zu den gesellschaftlichen und politischen Veränderungen in der Revolutionszeit. Diskutieren Sie, welche Forderungen heute noch aktuell sind (M 9).
6. Problematisieren Sie die Zusammensetzung der Paulskirche als Volksvertretung. Wie war sie zu erklären und welche Konsequenzen hatte sie (M 10)?
7. Beschreiben Sie die Organisation und Arbeit der Paulskirche. Problematisieren Sie mögliche Konsequenzen. Die Gestaltung des Innern der Paulskirche drückt ein politisches Programm aus, fassen Sie es in Worte (M 11, M 12).
8. Analysieren Sie die Argumentationsstruktur der Abgeordneten in den Grenz- und Verfassungsfragen. Bestimmen Sie dabei auch, inwiefern die Abgeordneten auf die gesellschaftliche Situation der Zeit eingingen.
9. Bestimmen Sie, inwieweit sich die „Die Grundrechte des deutschen Volkes“ aus den Verhältnissen der damaligen Zeit erklären. Vergleichen Sie die Grundrechte von 1848/49 mit jenen der Bundesrepublik Deutschland von 1949 (M 18 b).
10. Erörtern Sie, warum König Friedrich Wilhelm IV. die Kaiserkrone ablehnte und analysieren Sie, wie er in unterschiedlichen Situationen diese Ablehnung begründete und formulierte(M 19).
11. In diesem Heft sind mehrere Reden preußischer König abgedruckt, die „An Mein Volk“ betitelt sind. Ordnen Sie diese jeweils der politischen Situation zu und analysieren Sie das jeweilige Erkenntnisinteresse der Monarchen (M 8, M 19 c; Kap. 1, M 11).

5 Das Ende der Revolution und ihre Folgen

Was wurde aus den Revolutionären?

Die bayerischen Gerichte urteilten gegen die Aufständischen in der Pfalz vorsichtig. Zwar gab es zahlreiche Prozesse wegen Hochverrats und bewaffneter Rebellion, jedoch fanden keine Hinrichtungen statt. Todesurteile gab es zwar, diese wurden aber nur gegen Abwesende, z. B. gegen den Kommandanten der Revolutionstruppen in Kirchheimbolanden, Ludwig Bamberger, verhängt. Anders erging es den Freiheitskämpfern in Baden, wo man sich nicht so konsequent wie in Bayern gegen die preußische Militärjustiz zu wehren wusste. Die gefangenen Aufständischen wurden vor militärischen Standgerichten wie Rebellen verurteilt: 51 Männer wurden hingerichtet, über 950 Haftstrafen ausgesprochen. Viele enttäuschte Anhänger der Revolution kehrten Baden den Rücken. 80 000 Menschen wanderten aus.

Was wurde aus den einzelnen Protagonisten der Revolution?

Friedrich Hecker war bereits Ende September 1848 in die USA emigriert. In seiner Heimat entstand um ihn ein politischer Mythos. Er wurde zur Symbolfigur der demokratisch-republikanischen Bewegung. In den USA ließ er sich als Farmer in Illinois nieder. Dort engagierte er sich wieder politisch, für die Republikanische Partei und gegen die Sklaverei, und nahm als Offizier am amerikanischen Bürgerkrieg teil. Einer liberalen Zeitschrift antwortete er 1870 auf die Frage, ob er nicht nach Deutschland zurückzukehren gedenke: „Was soll ich dort thun? Etwa Unterthan werden, während ich einer der zwei Millionen Souveräne in Illinois bin?"

Gustav Struve und seine Frau Amalie waren nach der Ausrufung der Republik am 21. September in Lörrach inhaftiert worden. Amalie Struve wurde am 16. April 1849 überraschend freigelassen und engagierte sich beim Aufstand in Baden, sie schmuggelte unter anderem Pulver zu den Aufständischen. Gustav Struve wurde anlässlich dieser Aufstandswelle aus dem Gefängnis befreit. Er floh vor der gewaltsamen Niederschlagung durch preußische Truppen in die Schweiz und emigrierte schließlich ebenfalls in die USA (1851). Ähnlich wie Hecker nahm er am amerikanischen Bürgerkrieg aufseiten der Nordstaaten teil und unterstützte die Präsidentschaftskandidatur Abraham Lincolns.

Heinrich von Gagern legte am 10. Mai 1849 sein Amt als Reichsminister und am 24. Mai sein Mandat in der Paulskirche nieder, da er die Radikalisierung des Parlaments ablehnte. Er engagierte sich im Gothaer Nachparlament, in welchem sich die liberalen Vertreter des Erbkaiserkonzeptes aus der Paulskirche zusammenfanden. Diese Gruppe unterstützte die preußische Regierungspolitik, eine Einigung von oben, aber mit verfassungsrechtlichen Grundlagen zu erreichen.

Was wurde aus der Revolution?

Politisch hatte die Revolution zunächst ein konservativ-preußisches Nachspiel. Ein Berater des preußischen Königs, Freiherr Joseph Maria von Radowitz, verfolgte einen Unionsplan. Er griff das Konzept von Gagerns vom engeren und weiteren Bund wieder auf. So sollte ein deutsches Reich ohne Österreich unter der Führung Preußens entstehen und gleichzeitig eine „deutsche Union" geschaffen werden, die dieses Reich und Österreich in einem Staatenbund verband. Damit sollte einer Konfrontation mit Österreich vorgebeugt werden. Für das „deutsche Reich" wollte Radowitz auf die Paulskirchen-Verfassung von 1849 zurückgreifen, das monarchische Element aber verstärken. Dem König sollte das absolute Vetorecht zustehen und das Dreiklassenwahlrecht eingeführt werden. Dieses Konzept scheiterte aus verschiedenen Gründen. Zum einen wehrten sich die Mittelstaaten gegen den Führungsanspruch Preußens. Zum anderen erstarkte Österreich wieder und forderte die Wiederherstellung des Deutschen Bundes unter österreichischer Führung. So kam es 1850 sogar zu einer offenen Krise, die fast zu einem Krieg zwischen Österreich und Preußen um die Vormachtstellung geführt hätte. Schließlich musste Radowitz zurücktreten, die preußische Unionspolitik war gescheitert. Die Konservativen hatten in Preußen wieder das entscheidende Wort. Mit der Olmützer Punktation unter Führung Österreichs wurde am 30. November 1850 der Deutsche Bund wiederhergestellt.

In vielen Einzelstaaten des Deutschen Bundes wurde die reaktionäre Politik verschärft. Der Obrigkeits- und Ordnungsstaat sollte wieder fest etabliert werden. In Preußen wurde die Verfassung verändert, das Dreiklassenwahlrecht festgeschrieben, und es wurden die Rechte des Abgeordnetenhauses eingeschränkt. Vonseiten des Deutschen Bundes wurden die Regierungen aufgefordert, die Verfassungen aus der Revolutionszeit im Sinne des monarchischen Prinzips zu verändern. Gleichzeitig sollte die Beamtenschaft von radikalen „Elementen gereinigt", die Schulen und Lehrer stärker auf liberale Gesinnungen überwacht werden. Dennoch blieben die Einzelstaaten auch nach dem Scheitern der Revolution Verfassungsstaaten. Hinter diese Entwicklung ging man nicht mehr zurück.

Die Revolution von 1848/49 im Urteil

Die Revolution von 1848 wurde und wird sehr unterschiedlich bewertet.

Betrachtet man den Prozess der Revolution, ergeben sich Fragen nach den Ursachen des Scheiterns. Hierbei gilt es die möglichen Handlungsfaktoren in ihrem Einfluss und in ihrer Auswirkung abzuwägen: die Stärke der reaktionären Kräfte, die Bedeutung der Spaltung der revolutionären Bewegung in einen gemäßigt-liberalen und einen radikal-demokratischen Teil, die Vielfalt der zu bewältigenden Aufgaben der Paulskirche (Einheit und Freiheit), die Rolle des Auslandes und der Außenpolitik.

Betrachtet man das Ergebnis der Revolution, so dominieren zwei Grundfragen die Diskussion. Zum einen geht es um eine Auseinandersetzung mit der Dimension des Scheiterns: Ist die Revolution nur realpolitisch gescheitert, indem die Einheit und die Verfassung nicht realisiert werden konnten? Bei diesem Ansatz gilt es die weiteren politischen Dimensionen zu reflektieren: die Parteienbildung, die Politisierung der Bevölkerung, die erstmalige Erarbeitung eines deutschen Grundrechtekatalogs, die Verfassungen und Reformen in den Einzelstaaten usw.

Zum anderen geht es um die Folgen des realpolitischen Scheiterns. „Die Krise zwischen Staat und Gesellschaft blieb unausgetragen; das belastete die deutsche Geschichte." Mit dieser Formulierung des Historikers Thomas Nipperdey wird die Grundüberlegung deutlich: War die deutsche Geschichte mit dem Scheitern der

48er-Revolution vorgezeichnet oder gab es noch andere Möglichkeiten, Liberalisierung und Demokratisierung erfolgreich umzusetzen? Gab es nur noch die Alternative der „Einheit von oben", des preußischen Obrigkeitsstaates? Wie weit reicht dann die Verantwortung des Scheiterns? Ein Spiegelreporter fragte anlässlich des 150-jährigen Jubiläums den Historiker Lothar Gall: „Herr Professor Gall, Sie haben der Frankfurter Ausstellung zum 150. Geburtstag der Revolution von 1848/49 den optimistischen Titel ‚Aufbruch zur Freiheit' gegeben. Wurden damals nicht eher die Weichen zur deutschen Katastrophe gestellt?"

Die Revolution von 1848 und die Geschichtskultur

Jenseits der individuellen Beschäftigung mit Geschichte, die ein Mensch für sich leistet, gibt es auch eine gesellschaftliche Auseinandersetzung mit historischen Phänomenen. Diese können so interpretiert werden, dass das entstehende Konstrukt der Vergangenheit die gesellschaftliche Identität der Gegenwart mitprägt. Dies ist der Grund, warum Ausstellungen konzipiert, Denkmäler errichtet und Gedenktage abgehalten werden. Eine Gesellschaft soll sich erinnern, Denkanstöße finden, im schlechteren Fall sich unreflektiert identifizieren, im besseren Fall zum Nachdenken angeregt werden. Die Revolution von 1848 war in vielen Gesellschaftssystemen Anlass zur kollektiven Erinnerung. Dabei erfuhr sie jeweils unterschiedliche Beurteilungen. Diese können sich im kollektiven Gedächtnis verankern – je nachdem, welche historischen Aspekte in den Ausstellungen, Dokumentationen, Denkmälern besonders betont werden. Umgekehrt werden die Konzeptionen wiederum von denjenigen Gedanken und Phänomenen beeinflusst, die in der aktuellen Gesellschaft wichtig sind. Ausstellungsmacher müssen sich auch entscheiden, welche Reichweite sie ihrem historischen Phänomen zubilligen wollen. Die Geschichte der Revolution von 1848 wurde wegen des Strebens nach der Errichtung eines deutschen Reiches auch für den Nationalismus instrumentalisiert. Heute dominiert eher die Beschäftigung mit dem Freiheitsgedanken, der 1848 europaweit zum Tragen kam.

So wurde und wird die Revolution von 1848 aus der individuellen, aber auch der gesellschaftlich geprägten Perspektive sehr unterschiedlich beurteilt. Die Frage „Was kann man daraus lernen?" erfuhr und erfährt viele verschiedene Antworten.

1 Der Historiker Thomas Nipperdey zu den Gründen des Scheiterns der Revolution

Warum die deutsche Revolution gescheitert ist, diese Frage hat die Mithandelnden und Zeitgenossen und die Historiker seither in Atem gehalten; und weil dies Scheitern zwar nicht die, wohl aber eine Schicksalsstunde der Demokratie für uns gewesen ist und uns noch immer mit der Trauer über eine verlorene Möglichkeit erfüllt, ist das eine Frage, die über das gelehrte Bemühen und den Wunsch nach intellektueller Einsicht hinaus uns noch immer in unserem Selbstverständnis betrifft.

[...]

Die Revolution ist nicht am Zwiespalt zwischen Linken und Mitte gescheitert. Der Zwiespalt hat, gewiss, die Gegenrevolution begünstigt, die Polarisierung hat die Revolution, die vom Verrinnen der Zeit bedroht war, geschwächt; aber er war nicht die wesentliche Ursache für ihr Scheitern. Auch ein gemeinsames Vorgehen, eine revolutionäre „Volksfrontpolitik" hätte – jenseits des großen Krieges – keine besseren Chancen gehabt, weder ein gemäßigteres noch ein geschlosseneres Auftreten der Gesamtrevolution. Gewiss, es gab zu viel und zu wenig Revolution; zu wenig, um die alten Gewalten ganz zurückzudrängen – aber das wollten die Bürger in ihrer Mehrheit nicht und das hatte wenig Chancen –, und zu viel, weil die radikalen Demokraten die gemeinsame Front zerstörten und die Mitte im Effekt nach rechts drängten, die Revolution diskreditierten; [...]. Aber entscheidend für den Ausgang war das nicht. Die Spaltung war, wie die Verabschiedung der Verfassung zeigt, nicht so tief, dass es nicht Brücken gab und gemeinsames Handeln. Aber das änderte nicht das Ergebnis, und auch eine frühere Verständigung hätte kaum etwas anderes bewirkt. Darum ist die Schuldzuweisung zwischen Republikanern und Liberalen im Grunde irrelevant. Ihr Gegensatz war legitim, unvermeidlich, tragisch. Dass die Revolution ohne diesen Gegensatz entscheidend und langfristig größere Chancen gehabt hätte, ist unwahrscheinlich. [...]

Die eigentliche Ursache ist, dass die Widerstände zu vielfältig und zu groß waren, und so die Probleme, die zur Lösung anstanden, zu viele und zu schwierige waren. [...] Deutsche Einheit, deutsche Grenzen, deutsche Freiheit und ein Stück sozialer Gerechtigkeit, das waren schon vier Probleme, die gleichzeitig anstanden und die doch ältere (und insofern glücklichere) Nationen nacheinander zu lösen hatten versuchen können. Aber das war kein Zufall: Ohne nationale Einheit konnte es keine bürgerliche Herrschaft geben und auch nicht ohne bürgerliche Gesellschaft. Freiheit und Einheit waren nicht zu trennen.

Es ist die Vielzahl der Probleme und ihrer Unlösbarkeiten gewesen, die zum Scheitern der Revolution geführt hat. Man wollte einen Staat gründen und eine Verfassung durchsetzen, beides zugleich, und das angesichts gravierender sozialer Spannungen. Auch in Frankreich, wo die Probleme einfacher waren, und auch in Italien ist die Revolution gescheitert; diese Tatsachen muss jedes Urteil über die deutsche Revolution mitreflektieren. Wenn man unter den einzelnen Ursachen für das Scheitern in Deutschland gewichten will, so muss man meiner Meinung nach sagen, dass es das großdeutsch/kleindeutsche Problem und das Problem des österreichischen Nationalitätenstaates und seiner nationalen Konflikte waren, die am meisten zählten. Sie haben schon eine schnelle Entscheidung im Sommer unmöglich gemacht, haben die ersten großen Siege der Gegenrevolution in Österreich ermöglicht, haben die Einheit der Revolution seit Herbst so erschüttert, dass ein gemeinsames Handeln nicht mehr möglich war, haben die Entscheidung dann auf Preußen zugespitzt. Sie letzten Endes haben die Revolution in den Wettlauf mit der Zeit gebracht, den sie nicht gewinnen konnte. Das mag als altmodisch gelten – aber diese spezifisch deutsche Vorprägung der nationalen Frage war der entscheidende Punkt.

Zit. nach: Thomas Nipperdey: Deutsche Geschichte 1800–1866. Bürgerwelt und starker Staat. München 1993, S. 654 ff.

2 Der Historiker Hans-Ulrich Wehler zu den Erfolgen der Revolution

So dramatisch der Absturz von den Höhen der Märzbegeisterung in die scheinbar vollständige Erfolglosigkeit auch wirkte, so rücksichtslos auch das letzte Aufbäumen der Revolution im Frühjahr 1849 im Blut erstickt wurde, verbirgt die Negativbilanz doch allzu leicht eine Reihe von eindrucksvollen Erfolgen, die in dieser Form und zu dieser Zeit ohne den Einfluss der Revolution kaum vorstellbar sind.

Das große Werk der Agrarreformen wurde dank der Revolution endlich abgeschlossen. Keine konservative Regierung hat noch 1849 ernsthaft erwogen, diese Gesetze rückgängig zu machen – sie wurden nicht mehr angetastet, der Schock der Bauernrebellion saß zu tief. Damit aber ist erst endgültig der Schlussstrich unter das Feudalzeitalter in den deutschen ländlichen Gesellschaften gezogen worden.

Zusammen mit der Regelung der Abgaben und Leistungen wurde auch die Patrimonialgerichtsbarkeit aufgehoben; staatliche Gerichte versprachen seither eine interessenneutrale Konfliktregulierung. Das Jagdrecht auf fremdem Eigentum verschwand. Der bäuerliche Realkredit wurde durch die inzwischen bewährten ländlichen Rentenbanken endlich allgemein grundlegend verbessert. […]

Die staatliche Sozialpolitik, die in den frühen 50er-Jahren die Lage der Fabrikarbeiter verbessern, die Kinderarbeit einschränken, die Arbeitszeit durch die Fabrikinspektoren kontrollieren, das Hilfskassenwesen nachdrücklich fördern wollte, verkörperte – fasst man nur alle Gesetze und Verordnungen zusammen – den stärksten sozialstaatlichen Eingriff vor der Bismarck'schen Sozialpolitik der 80er-Jahre. Ohne die Lektion der Revolution, dass man auch gegenüber dem Industrieproletariat eine Strategie der Konfliktdämpfung zu verfolgen habe, hätten sich weder die Herrschaftseliten zu solchen Hilfsmaßnahmen entschlossen noch wäre diese Sünde gegen den Geist des vorherrschenden Wirtschaftsliberalismus überhaupt begangen worden. Die paternalistische Unterstützung wurde jedoch, das darf nicht übersehen werden, genau wie dreißig Jahre danach auch mit unverhüllter Repression verkoppelt. Nicht nur wurde das Koalitionsverbot für gewerbliche Arbeiter durch einzel- und bundesstaatliches Recht verschärft, sondern auch Landarbeiter und Bergarbeiter wurden jetzt explizit einbezogen.

[…]

Vorteilhafte Veränderungen erlebte auch, parallel zu der harten Verfolgungspraxis, die Rechtspflege. Bereits im Januar 1849 wurde die Gerichtsverfassung reformiert: Das öffentliche und mündliche Verfahren wurde – wie es vor allem die Verfechter des rheinischen Rechts seit Jahrzehnten gefordert hatten – allgemein verbindlich eingeführt. Geschworenengerichte wurden an der Urteilsfindung beteiligt. Die seit 1846 vorgesehene Anklageerhebung durch eine eigene Behörde oblag jetzt der Staatsanwaltschaft. 1851 folgte eine große Strafrechtsreform, deren Vorbereitung seit 1826 nur im Schneckentempo vorangekommen war, bis die Revolutionserfahrung dazu führte, dass ihr die letzten Hindernisse aus dem Weg geräumt wurden. Die Verhängung der Todesstrafe wurde entschieden eingeschränkt, sie durfte auch nicht mehr öffentlich vollzogen werden. Vermögenskonfiskation, Deportation, Pranger und Landesverweisung wurden […] aus dem neuen Strafgesetzbuch verbannt, körperliche Quälereien ausdrücklich untersagt.

Und schließlich, um endlich zwei der wichtigsten Erfolge zu nennen, blieben seit 1848/49 alle deutschen Staaten – mit Ausnahme der Donaumonarchie von 1851 bis 1861 – Verfassungsstaaten, in denen wichtige Schritte, welche die Revolutionsbewegung hin auf die allgemeine Staatsbürgergesellschaft durchgesetzt hatte, nicht rückgängig gemacht wurden. Selbst die preußischen Hochkonservativen, die der oktroyierten Verfassung zuerst heftig widersprochen hatten, hielten den Übergang zur konstitutionellen Regierungsform mit gedämpftem Murren für irreversibel.

[…]

Es steht auf einem anderen Blatt, das man indes zu den mittelbaren Erfolgen der Paulskirche rechnen muss, dass die Reichsverfassung von 1849 zusammen mit dem Reichswahlgesetz einen Fundus von Verfassungsmaximen, Grundrechten und weitschauenden politischen Entscheidungen enthielt, auf den die deutsche Politik ein Jahrhundert lang immer wieder zurückgreifen konnte. […]

Vergegenwärtigt man sich diese direkten und indirekten Nachwirkungen der Revolution, tritt die krasse Einseitigkeit der allzu glatten Formel von ihrem Scheitern klar zutage. Besiegt worden ist die Revolution ohne Frage, ihre Maximalziele hat sie nicht erreicht. Trotzdem hat sie mittelbar imponierende Erfolge erzielt, welche Politik und Gesellschaft nach 1850 umgestaltet, ja manchmal von Grund auf verändert haben. Und die Maßstäbe, die sie für die Staats- und Gesellschaftsverfassung, für die Freiheits- und Gleichheitsrechte gesetzt hat, behielten seither die Leuchtkraft eines Ideals, das trotz aller Rückschläge nach 1849 für viele Menschen verbindlich blieb – und deshalb als politische Grundtatsache auf längere Sicht nicht umgangen werden konnte. […].

Zit. nach: Hans-Ulrich Wehler: Deutsche Gesellschaftsgeschichte. 2. Bd., München 1996, S. 776–779

3 Aus dem Vorwort einer illustrierten Geschichte der Revolution aus Anlass des 125. Jubiläums

Das Jahr 1848 nimmt in der Traditionspflege der revolutionären Arbeiterbewegung einen besonderen Platz ein. Es war das Jahr der bürgerlich-demokratischen Revolution und des Erscheinens des „Manifests der Kommunistischen Partei". Beide Ereignisse bilden eine Einheit. Die Revolution 1848/49 war der Höhepunkt im Ringen der Volksmassen und die Durchsetzung der objektiven Gesetzmäßigkeit des Übergangs vom Feudalismus zum Kapitalismus im 19. Jahrhundert. Dies gilt insbesondere für die deutsche 48er-Revolution, die selbst nur Teil einer umfassenden europäischen Revolutionsbewegung war. Sie war jenes Ereignis in der Zeit des aufsteigenden Kapitalismus, in dem die Schöpferkraft des deutschen Volkes sich am weitesten entfalten konnte. […]

1848/49 war als große historische Entscheidungssituation zugleich ein wichtiger Einschnitt im Verhalten der Klassen. Die Revolution wurde Wendepunkt in der Entwicklung der deutschen Bourgeoisie. Ihr war historisch die Führung der bürgerlichen Revolution übertragen, doch erfüllte sie aus Furcht vor der Arbeiterklasse und den demokratischen Volksmassen ihre historische Funktion nicht und verschuldete die Niederlage der Revolution.

Mit dem „Manifest der Kommunistischen Partei" verkündete unmittelbar am Vorabend der Revolution jene Klasse erstmals ihr revolutionäres Programm, die als einzige fähig und berufen ist, die Menschheit von Ausbeutung und Unterdrückung zu befreien. Die Arbeiterklasse griff 1848 weltgeschichtlich zum ersten Mal als selbstständige Kraft

in eine bürgerliche Revolution ein, und ihre weltbefreiende Lehre bestand in dieser Revolution die erste große praktisch-politische Bewährungsprobe. [...]
Die „Illustrierte Geschichte der deutschen Revolution 1848/49", die anlässlich des 125. Jahrestages der Revolution von 1848 erscheint, will einen Beitrag zur Pflege der großen revolutionären Traditionen leisten. Sie will mit der Erinnerung an die Revolutionäre von damals von der Warte der ersten siegreichen revolutionären Umwälzungen der deutschen Geschichte auf dem Boden der Deutschen Demokratischen Republik, von den unter Führung der Arbeiterklasse und ihrer revolutionären Partei errungenen Positionen des Sozialismus zugleich den historischen Sinn der revolutionären Kämpfe von 1848/49 erschließen helfen. Das Buch hätte sein Ziel erreicht, wenn es beitragen würde, die Revolution von 1848 als ein unverzichtbares Element der revolutionären Tradition deutlich werden zu lassen, in der der sozialistische deutsche Staat fest verwurzelt ist.
[...] Konzeption und Darstellung beruhen auf den von Karl Marx, Friedrich Engels und W. I. Lenin erarbeiteten Grundlagen einer wissenschaftlichen Revolutionsgeschichte.

Zit. nach: Walter Schmidt (Hrsg.): Illustrierte Geschichte der deutschen Revolution 1848/49. Berlin 1973, S. 5

4 a) Titelseite des Katalogs zur Ausstellung in Frankfurt am Main 1998

b) Aus dem Vorwort des Ausstellungskatalogs zum 150-Jahr-Jubiläum im Jahre 1998 in Frankfurt:
„... weil dies doch wirklich ein Schicksalsjahr der deutschen Geschichte ist, auf welches man, nachdenkend, immer wieder zurückgeworfen wird", deshalb, schreibt Golo Mann in seiner Deutschen Geschichte des 19. und 20. Jahrhunderts, werde er die Ereignisse dieses Jahres „mit einiger Genauigkeit" darstellen. Diese Absicht liegt auch unserem Vorhaben zugrunde, 150 Jahre nach den Ereignissen, die zur Wahl des ersten gesamtdeutschen Parlaments führten, mit der Ausstellung *1848 Aufbruch zur Freiheit* jenes Schicksalsjahr zu vergegenwärtigen und zu würdigen.
Es ist gut, dass unsere Ausstellung nicht allein steht. Überall in Deutschland wird mit Ausstellungen und Aktivitäten vielfältigster Art der Ereignisse gedacht. Wohl aber erhebt *1848 Aufbruch zur Freiheit* einen eigenen Anspruch im großen Chor. Nirgendwo sonst wird der Versuch unternommen, das Gesamtpanorama in der Mitte des 19. Jahrhunderts in den Blick zu nehmen. [...] Die Aufgabe, aus nahezu 700 Exponaten ein den historischen Ereignissen angemessenes geistiges Konstrukt zu bauen, ist eine immens schwierige. So wird es nicht an Stimmen fehlen, die über Vermisstes Klage führen werden.
Von Anfang an waren wir uns einig, die Ausstellung nicht auf ‚die Paulskirche' zu beschränken. Denn zum einen war die Revolution von 1848/49 eine europäische, ja die einzige, die Kontinentaleuropa je in seiner Gesamtheit ergriff; nichts könnte absurder sein, als an der Schwelle des 21. Jahrhunderts, das ein europäisches zu werden verspricht, gerade diese Dimension zu übergehen. Zum anderen versteht man nicht, was 1848/49 geschah, wenn man nicht viel weiter in die Geschichte ausgreift, weshalb *1848 Aufbruch zur Freiheit* bei der großen Revolution von 1789, dem Mythos der Revolution, ansetzt. Und schließlich muss eine solche Ausstellung zu den uns heute beschäftigenden Fragen aufschließen, sie muss also wichtige Themen über die 150 Jahre hin, die zwischen dem heutigen Betrachter und den Ereignissen liegen, verfolgen. [...]
Wenn wir einigermaßen zuversichtlich sind, dass *1848 Aufbruch zur Freiheit* trotz der Breite des Ansatzes weder in Fakten ertrinkt noch sich schrecklicher Vereinfachungen schuldig macht, so vorrangig aus zwei Gründen. Zum einen wegen der ‚Paulskirche'. Sie steht in Sichtweite der Ausstellung und ist – gewandelt an Haupt und Gliedern durch die Folgen der deutschen Katastrophe – als authentischer Ort der Anknüpfungspunkt für ein solches Unterfangen. [...]
Der zweite Grund unserer Zuversicht ist die Kunst. Es mag zunächst überraschen, aber es gehört zum Anspruch als historische Schau, zugleich auch eine Kunstausstellung zu sein. Vieles von dem, was vieler Worte bedürfte, um in einem Essay entwickelt zu werden, verdichtet sich in einem Werk der Kunst zu einem treffenden Bild. [...] Man nehme etwa die Figur der Germania, die als Motiv der Ausstellung immer wieder anklingt. Wer diese Bilder aufmerksam in sich aufnimmt, hat schon sehr viel von der Geschichte der Deutschen seit den napoleonischen Befreiungskriegen begriffen.
[...] Auch die historische Paulskirche von 1848 wurde mit einem Kunstwerk geschmückt, das man eigens für den Tagungsort des Nationalparlaments in Auftrag gegeben hatte: eine kolossale Germania. [...] Das Programmbild der deutschen Einheit ist mehrdeutig bis zur Widersprüchlichkeit. Es steht für die Komplexität der Paulskirche wie für die seines Schöpfers. Philipp Veit, gebürtiger Berliner und Frankfurter Städeldirektor, Enkel von Moses Mendelsohn und Schüler Caspar David Friedrichs, getaufter Jude und konvertierter Katholik, Freiheitskämpfer von 1813/14 und romantischer Wahlrömer, hat diese Allegorie des Deutschen gemalt. Kein Meisterwerk, aber eben doch ein Symbolbild, die friedfertige Schönheit – mit dem Schwert und dem Ölzweig in der Hand. Ein Jahr lang hing sie über den Volkvertretern; dann verschwand auch sie. Schlecht haben die Jahre sie behandelt, die folgten. Gefleddert und

zerzaust ist sie auf uns gekommen. Jetzt kehrt sie gereinigt, gepflegt und vielfach geflickt für vier Monate nach Frankfurt zurück. Der Ausstellung *1848 Aufbruch zur Freiheit* möge die Germania von Philipp Veit eine gute Patin sein.

Den Eingang der Ausstellung erreicht der Besucher über einen Laufsteg, den Freiheitssteg. Von diesem Zugang aus sieht man zurück auf die Paulskirche, die sich – einer stolzen Katze nicht unähnlich – klein, aber unübersehbar vor der gigantischen Hochhauskulisse der europäischen Bankenstadt behauptet. Möge die Ausstellung *1848 Aufbruch zur Freiheit* unverklärt, aber deshalb umso deutlicher vor Augen führen, woran es am Ausgang dieses Jahrhunderts festzuhalten gilt und woran anzuknüpfen wäre. [...]

Zit. nach: Christoph Stölzl, Hellmut Seeman: Zur Ausstellung. in: 1848 Aufbruch zur Freiheit, Frankfurt a. M. 1998, S. 7–9

c) Plakat zur Ausstellung im Alten Rathaus Leipzig von 1948

Arbeitsvorschläge:

1. Erstellen Sie aus der Darstellung Nipperdeys eine Liste der Gründe für das Scheitern der Revolution. Ordnen Sie dabei die Gründe nach der Bedeutung für das Scheitern, die ihnen der Autor zumisst. Diskutieren Sie mögliche andere Hierarchisierungen (M 1).
2. Diskutieren Sie, inwieweit die Revolution von 1848 gescheitert ist. Gehen Sie dabei von den Überlegungen Wehlers aus und ergänzen Sie eigene Aspekte (M 2).
3. Der Umgang mit Geschichte kann durchaus ein Spiegelbild einer Gesellschaft sein. Historische Jubiläen werden nicht nur gefeiert, um sich mit der Vergangenheit auseinanderzusetzen. Es geht dabei immer auch um eine Verbindung zur Gegenwart. Die Initiatoren von Ausstellungen, Gedenktagen etc. verfolgen meist ein Erkenntnisinteresse. Erarbeiten Sie diese Positionen der Verfasser von M 3 und M 4.
4. Diskutieren Sie, welches Konzept Sie einer Ausstellung zur Revolution von 1848/49 zugrunde legen würden. Gestalten Sie das Besucherplakat oder schreiben Sie das Vorwort zum Ausstellungskatalog.
5. „Die halbe Revolution" – „Die gescheiterte Revolution" – „Aufbruch zur Freiheit" – Diskutieren Sie abschließend, wie die Revolution von 1848 zu beurteilen ist, und finden Sie eine schlüssige Bezeichnung.